フランスの公務員制度
と
官製不安定雇用

図書館職を中心に

薬師院 はるみ

公人の友社

目次

0 はじめに …………………………………………………………………… 10

1 フランスの各種図書館と、本稿が対象とする図書館職 ……… 14

  1.1 コミューン及びコミューン連合の図書館 …………………………… 17
    ・コミューン　17
    ・指定図書館　18
    ・地域拠点図書館　20
    ・読書施設　23

  1.2 県の図書館 …………………………………………………………… 25
    ・貸出中央図書館の時代　25
    ・県立貸出図書館の時代　27
    ・県の図書館　27

  1.3 パリの二大図書館 …………………………………………………… 29
    1.3.1 フランス国立図書館とその前身 ……………………………… 30
    ・1970 年代まで　30
    ・1980 年代以降　32
    1.3.2 公共情報図書館 ………………………………………………… 33

  1.4 大学図書館 …………………………………………………………… 34
    ・フランスの高等教育機関　34
    ・高等教育機関の図書館とその組織体系　36

目次

2 公務員制度としての図書館職制度 ……………………………… 38

2.1 地方分権政策と図書館の権限委譲 …………………………… 40

2.2 公務員制度と公的職員 ………………………………………… 41

2.3 公務員制度改革 ………………………………………………… 44

・公務員一般身分規定 44

・競争選抜 46

・職階 48

・系統 50

・職団及び職群 52

・級 52

・号 53

2.4 地方分権政策下での図書館職制度改革 …………………… 54

3 公的な職務や活動を担う非公務員 ……………………………… 63

3.1 非公務員の種類 ………………………………………………… 65

3.2 公的職員の人数及び内訳 ……………………………………… 68

・フランスの公的職員数 68

・公的職員における公務員及び非公務員の内訳 71

3.3 フランスの図書館職員数 ……………………………………… 74

・地方の図書館職の人数 74

・地方の図書館職における地域間格差 75

・国家の図書館職の人数（公務員） 76

・国家の図書館職の人数（契約職員とヴァカテール） 78

・ボランティア 80

3.4 非公務員雇用の例外規定 ……………………………………… 81

①非公務員を雇用することが認められている公的職務……………… 81

　　・必ずしも公務員が担う必要はないと定められている公的職務　82

　　・例外的に非公務員が担うことも認められている公的職務　83

②一時的な増員や代替要員として、あるいは欠員の臨時的補充

　として採用……………………………………………………… 84

③非公務員に開かれた職務や活動と労働時間との関係について…… 85

3.5　身分規定外公的職員の規定 ……………………………………… 86

3.6　援助型契約による職員 …………………………………………… 90

　　・援助型契約による職員と実習型契約による実習生　90

　　・派遣職員　94

　　・ヴァカテール　96

3.7　非公務員の安定雇用化 …………………………………………… 96

4　非公務員としての図書館員の実態

　　　　　　　　　：アンケート調査の結果から………………………… 101

4.1　回答者の属性 ……………………………………………………… 104

　　・職階及び所属機関　104

　　・性別　105

　　・年齢　106

　　・学歴　106

　　・雇用形態　109

　　・契約の種類　110

4.2　利点と欠点 ………………………………………………………… 112

　　・不安定な立場　112

　　・給与について　113

　　・契約可能な級について　115

　　・昇給について　116

目次

　　　　・公務員化ないし準公務員化　117

　　　　・自由な立場　119

　　　　・利点の限界　120

　　　　・将来への不安　121

　5　おわりに　……………………………………………………　124

図・表・グラフ　目次

1.1-1	地域拠点図書館 ……………………………………………………	21
1.1-2	県立貸出図書館長協会による図書館及び類似施設の類型 …………	23
2.2-1	公務員制度 …………………………………………………………	42
2.2-2	公的職員 ……………………………………………………………	43
2.3-1	公務員一般身分規定 ………………………………………………	46
2.3-2	国または地方が管轄する図書館職の職階制と外部競争選抜の 受験に必要な学歴資格……………………………………………	47
2.3-3	地方公務員制度の系統と、「文化―文化遺産及び図書館」系統 の職階及び職群 …………………………………………………	51
2.4-1	公務員一般身分規定と、公務員制度としての図書館職制度の規定	55
2.4-2	国家の図書館職の職団と個別身分規定 …………………………	57
2.4-3	地方の図書館職の職群と個別身分規定 …………………………	58
2.4-4	国家と地方の図書館職の職団及び職群、級、号 ………………	59
2.4-5	国家と地方の図書館職の号俸規定 ………………………………	60
2.4-6	国家「職階：C／職団：蔵書書庫係／級：蔵書書庫係」と、地方 「職階：C／職群：文化遺産補佐／級：文化遺産補佐」の号、昇号 に要する勤務期間、俸給指数、税込月給…………………………	62
3.1	公的職務に携わる要員 ……………………………………………	66
3.2-1	公的職員の職階内訳 ………………………………………………	71
3.2-2	公的職員に占める公務員、契約公的職員の内訳 ………………	72
3.2-3	公的職員の職階別内訳 ……………………………………………	73
3.3-1	地方が管轄する図書館職 …………………………………………	75
3.3-2	国家の図書館職（公務員） ………………………………………	77
3.3-3	高等教育機関の図書館、フランス国立図書館、公共情報図書館の 職員数……………………………………………………………	79

図・表・グラフ　目次

3.3-4　地方の図書館1館における有償職員とボランティア……………………80

3.4　公的職員に開かれた労働時間の種類 ………………………………………86

3.5　公務員一般身分規定と、身分規定外公的職員の一般規定 …………………88

3.6-1　公共機関の契約職員及び実習生に適用される私法上の契約 ………92

3.6-2　援助型契約による職員の内訳 …………………………………………93

3.7　非公務の安定雇用化 ……………………………………………………100

4　図書館職養成（地域）センター ………………………………………103

4.1-1　回答者の内訳 …………………………………………………………104

4.1-2　回答者の職階及び性別内訳 …………………………………………105

4.1-3　回答者の年齢別内訳 …………………………………………………107

4.1-4　回答者の学歴内訳 ……………………………………………………107

4.1-5　回答者の雇用形態 ……………………………………………………109

4.1-6　回答者の契約種別内訳 ………………………………………………111

子供を抱えていますし、契約が終わると、すぐには別の勤め先が見つからないのではと考え、非常にストレスを感じています。職探しとそのための書類を作成するのに多大な時間をかけています。

(1990 年生女性。大学図書館期付契約職員。)

　次の職を見つけられないのではないかと恐れています。例えば、住まいを借りたり賃貸契約の際など、日常生活においても困難を感じています。

(1968 年生女性。数ヶ月前に公立図書館での契約が終了し、求職中)

＊図書館で非公務員として勤めている人及び勤めた経験を持つ人を対象に実施したアンケートより。

0　はじめに

　日本の図書館界では、戦後何十年にもわたり、専門職としての図書館職制度の確立を目標に、様々な議論や運動が展開されてきた。目標とされる具体的なあり方は、論者や館種等によって少しずつ異なってはいるものの、例えば公立図書館なら、司書有資格者が図書館専任の正規職員として当該地方公共団体に直接雇用され、図書館の専門的業務に携わり、司書独自の昇進の道が開かれているといった制度を目指してきたのである [1]。

　しかし現状は、それらの議論や運動が目指してきた方向には進まなかった。それどころか、いわゆる非正規の職員に依存する割合が加速度的に増えてゆき、正規職員としての採用はあまりにも狭き門となっていった。2003 年には指定管理者制度が創設され、公立図書館の管理及び運営の全てを、民間事業者等に委ねることさえ可能となった。そして、今日、図書館の職員をめぐる問題は、日本の図書館界における最も深刻な問題になっていると言っても過言ではないであろう [2]。実際、いわゆる「官製ワーキングプア」が大きな社会問題となる中で、図書館職員はその典型とみなされるまでになっている [3] [4]。

1）日本の図書館職制度、とりわけ同制度をめぐる議論や運動の特徴、そして問題等については、以下の拙稿を参照されたい。
　「司書をめぐる専門職論の再検討（1）（2）」『図書館界』Vol.52, No.4, 2000.11, p.190-202., Vol.52, No.5, 2001.1, p.250-264.;「専門職論と司書職制度：準専門職から情報専門職まで」『図書館界』Vol.56, No.1, 2004.5, p2.-12.;「図書館の運営と司書職の統制」『現代の図書館』Vol.43, No.2, 2005.6, p.67-74.;「図書館専門職論の理論的系譜」日本図書館情報学会研究委員会編『図書館情報専門職のあり方とその養成』勉誠出版 , 2006, 250p., p.95-110.;「図書館の職員体制と司書職制度」「図書館職員と専門性」安藤友張編『図書館制度・経営論：ライブラリー・マネジメントの現在』ミネルヴァ書房、2013, 194p., p.65-76, 77-92.
2）薬師院はるみ「専門職論の限界と図書館職員の現状」『図書館界』Vol.68, No.6, 2017.3, p.344-353.
3）「非正規公務員、法の谷間」『朝日新聞』2007.9.19,p.3.;「特集：図書館ワーキングプア：雇用の〈非正規〉分布」『現代の図書館』Vol.49, No.1, 2011.3, p.3-71.
4）『図書館年鑑』でも、2008 年版より「ワーキングプア」という用語が使用され、2009 年版には、「マスコミが『官製ワーキングプアー』の典型として司書を取り上げる例」があると記され、さらに、

10

一方、日本において、フランスの「図書館とその専門職員である図書館員は、その施設の性格と身分が法的に明確に規定されている」と紹介されたこともある。この論考には、他文献から引用する形ではあるものの、フランスでは「図書館員の採用などの法的行政的システムが明確で発達しすぎている」とまで書かれている[5]。

　しかしながら、フランスの図書館にも、非公務員、すなわち公務員ではない職員が存在する。のみならず、その不安定な立場が大きく問題視されている。実際、巻頭に示した言葉にしても、フランスの非公務員としての図書館員及びその経験者を対象に、私が実施したアンケートへの回答から抜粋したものなのである。この状況下、フランスの図書館関係者の間では、非公務員として図書館に勤める職員を指す呼称として、ビブリオプレケール（biblioprécaire）なる俗語まで出回っているという。図書館員を表すビブリオテケール（bibliothécaire）と、雇用等が不安定な状態を表すプレケール（précaire）を合わせた造語である。

　私は、2013年9月より半年間、所属大学の特別研究期間制度を利用して、フランスの大学を拠点に、同国の図書館制度に関する研究活動を行った。この時の研究は図書館の職員問題に焦点を当てたものではなく[6]、従って、その時点では、図書館職の実態について正確に把握していたわけでもない。しかし、その過程で、フランスの図書館にも、非公務員としての図書館員、すなわち公務員としての地位を持たずに図書館に勤めている職員が数多く存在している状況が確認された。自称ビブリオプレケール諸氏から、彼らが置かれた立場や待遇についての不満を聞かせてもらったこともある。

　だが、彼らの訴えとは裏腹に、私が抱いた率直な感想は、彼らの待遇が、日本の非正規図書館職員とは比較にならない程、保証されているということであっ

　2010年版から2013年版には、4年連続で図書館職員の問題が「ワーキングプア」という用語を用いた小見出しのもとに記述されている。
5）岩崎久美子「フランス図書館行政の近代化」『国立教育政策研究所紀要』Vol.137, 2008.03, p.167-180., p.168.
6）フランスの地域拠点図書館（bibliothèque municipale à vocation régionale: BMVR）を、同国における地方制度改革という視点から再考した。
　「フランスの地域拠点図書館と地方制度改革」『図書館界』Vol.66, No.4, 2014.11, p.254-267.

た。彼らの不満が誇張であるというのではなく、また、フランスの現状を肯定しているわけでも決してない。アンケートに記録された回答が、彼らの正直な自己認識であることもまた事実なのである。要するに、フランスと日本とでは、権利意識や格差の許容範囲がまるで異なっているのである。

　また、フランスでは、図書館業務をはじめ、公的職務に携わる非公務員を対象に、その不安定な状況を改善するための対策が、これまでに何度も講じられているらしいこともわかってきた。いったい、どのような対策なのだろうか。日本の図書館が参考にできることはないのだろうか。そもそも、フランスの図書館には、どのくらいの公務員及び非公務員が存在し、それぞれどのように処遇されているのだろうか。資格や教育制度はどうなっているのだろうか。次々と疑問が湧いてきた。

　そこで今回は、フランスの国及び地方の図書館職、とりわけ非公務員としての図書館職について、その実態を明らかにし、日本との比較という観点から検討してみることにしたのである。調査を進めていくうちに、「身分が法的に明確に規定されている」のは、何も図書館職に限らないこともわかってきた。考えてみれば、日本でも、非正規職員の問題を抱えているのは何も図書館だけではない。図書館は、社会に埋め込まれた存在であるという事実を、改めて認識した。すなわち、フランスにおける図書館職制度の問題を検討するにあたっては、例えば公務員制度や地方行政制度等、それを取り巻く背景的な枠組みを踏まえた上で行わなければ意味がない。

　そこで本稿では、少々遠回りにはなるものの、フランスの図書館職、とりわけ非公務員としての図書館職の問題を、図書館という枠組みからだけではなく、それをとりまく背景事情から体系的に取り上げて検討した。その上で、フランスにおける非公務員としての図書館職について、その実態を探るべく、アンケート調査を行った。ブルターニュ＝ペイ・ドゥ・ラ・ロワール図書館員養成センター（Centre de formation aux carrières des bibliothèques - Bretagne - Pays de la Loire）の協力により、同アンケートには、計 252 人からの回答を得ることができた。

　フランスの状況は日本のそれとはあまりにも異なっており、単純に比較する

ことは極めて困難である。それでも、本稿の執筆にあたっては、できる限り日本の状況を念頭に置きながら進めるよう心がけた。本稿を通じ、日本における図書館の職員問題、とりわけ非正規職員の問題を、今一度考え直すきっかけにしたいと思う。

1 フランスの各種図書館と、
本稿が対象とする図書館職

　一口に「図書館」といっても、様々な種類のものがある。例えば、リュ・ディ社による職業案内本シリーズの一冊「図書館員になったら」は、フランスの図書館を次の9種類に分けている[7]。

・コミューン及びコミューン連合の図書館

　　（bibliothèque municipale ou intercommunale: BM）

・県の図書館

　　（bibliothèque départementale）[8]

・パリの二大図書館

　　フランス国立図書館

　　（Bibliothèque nationale de France: BnF）

　　公共情報図書館[9]

　　（Bibliothèque publique d'information: BPI）

・大学図書館[10]

　　（bibliothèque universitaire: BU）

---

7) Claude Poissenot et Sabine Noël, Être Bibliothécaire. Lyon, Éditions Lieux Dits, 2014, 112p., p.27.
8) 2017年4月27日付行政法規（Ordonnance n° 2017-650）により文化遺産法典が修正され、同法典にある県立貸出図書館（bibliothèque départementale de prêt: BDP）という用語が、県の図書館（bibliothèque départementale）に改められた。そこで本稿では、現在の用語で表記した。
9) ジョルジュ・ポンピドゥー国立芸術文化センター（Centre national d'art et de culture Georges-Pompidou）内の図書館
10) いわゆる大学のみならず、その他の高等教育機関の図書館（bibliothèque de l'enseignement supérieur）も、基本的には全てこの範疇に含まれる。

・学校図書館

　文書センター図書館（小学校の図書館）

　（bibliothèque centre de documentation: BCD）

　情報文書センター（中学校ないし高等学校の図書館）

　（centre de documentation et d'information: CDI）

・専門図書館

　（bibliothèque spécialisée）

・刑務所や病院の図書館

　（bibliothèque de prison ou hôpital）

・企業委員会 [11] 図書館

　（bibliothèque de comité d'entreprise）

・アソシアシオンによる図書館 [12]

　（bibliothèque d'association）

　それらの内、本稿では、前四種の図書館の職員に焦点を当てることにする。フランスの公務員としての図書館職、そして非公務員としての図書館職について検討するためである。これら四種の内、コミューン及びコミューン連合の図書館と県の図書館には、図書館系統の地方公務員が配置され、また、パリの二大図書館に代表される文化担当省が管轄する図書館と、大学図書館に代表される高等教育担当省が管轄する図書館には、図書館系統の国家公務員が配置されている。そして両者、つまり、図書館系統の地方公務員と図書館系統の国家公務員の間には、組織体系や各種制度などに関して、いくつもの共通点や類似点をみつけることができるのである。

　たしかに、五番目に挙げた学校図書館、つまり、小中高等学校の図書館にも、

---

11) 企業運営に関する労使代表による委員会

12) みんなの文化と図書館（Culture et bibliothèque pour tous）に代表される非営利団体による図書館。同図書館については、以下の拙論を参照されたい。

「『みんなの文化と図書館』とその歴史的過程：フランスの公読書をめぐる共和制と宗教との葛藤」『金城学院大学論集　人文科学編』Vol.8, No.1, 2011.9, p.70-84.

公務員が配置されている。というのも、フランスでは、幼稚園から大学にいたるまで、ほとんどの教育機関は国と地方によって運営されているからである。しかしながら、フランスの学校図書館には、基本的には図書館系統の職員は配置されていない。

　小学校の学校図書館に相当する文書センター図書館（BCD）は、補助教員や、場合によっては父兄のボランティアにより運営されている。また、中学ないし高等学校の学校図書館に相当する情報文書センター（CDI）は、主として、文書管理教諭（professeur documentaliste）によって運営されている。そして、文書管理教諭は、中等教育職適性証（certificat d'aptitude au professorat de l'enseignement du second degré :CAPES）資格を持つ専門職で、図書館職というよりはむしろ教育者として位置づけられているのである。

　日本の場合も、小中高等学校の学校図書館には、『図書館法』に規定される司書ではなく、『学校図書館法』に規定される司書教諭や学校司書が置かれることになっている。この点にのみ着目すれば、両国の制度は似通っていると見做すことも可能であろう。なお、日本において『図書館法』とは、市町村や都道府県など地方公共団体が管轄する公立図書館と、一部の私立図書館[13] を規定する法律である。

　一方、フランスには、日本の『図書館法』のような形での法律は存在しない。しかしながら、とりわけ公的機関の図書館に関しては、その制度や位置づけが法的にも明確に規定されている。職員に関しても、職業的地位や各種権利などが各種法規類に細かく規定されている。次章では、その点に注目しながら述べていこうと思う。ただし、その前にまず本章では、本稿が対象とする四種の図書館について、その役割や位置づけ、そして沿革等、とりわけ日本とは大きく異なる事柄に焦点をあてながら概観しておくことにする。

---

13) 日本赤十字社又は一般社団法人若しくは一般財団法人が設置する図書館

1.1 コミューン及びコミューン連合の図書館
（bibliothèque municipale ou intercommunale: BM）

・コミューン（commune）

　コミューンとは、フランスの基礎的な地方行政区で、日本でいう市町村に相当する。地理的な管轄区域は、ほとんどの場合、中世のカトリック小教区（paroisse）を継承する形で設定されている。フランスの地方公共団体は、基本的には[14]、コミューン（commune）、県（département）、地域圏（région）の三種だが、図書館の運営主体となっているのは前二者である。

　しかし、この位置づけが法的に規定され、実践面でも定着していくのは、地方分権政策以降のことである。後の章で詳述するが、フランスでは、1980年代より開始された地方分権政策によってはじめて、地域の図書館の管理主体は基本的には当該地域であることが明確化され、また、地方の図書館の職員も地方公務員として位置づけられることとなったのである。

　ともあれ、2017年1月1日現在のフランスのコミューン数は、合計3万5416と記録されている[15]。人口は日本の約半分[16]であるにもかかわらず、フランスには日本の市町村[17]の20倍以上のコミューンが存在している計算になる。その内、人口百万人以上を擁するのはパリのみであり、10万人以上のコミューンにしても42、つまり僅か0.1%にすぎない。そして、約53%が人口500人未満、約94%が人口5千人未満である[18]。

---

14) 憲法第72条に規定されているように、その他にも、憲法第74条に規定される海外公共団体（collectivité d'outre-ner: COM）や、独自に規定されるものがある。
15) Bruno Delsol et al. Les collectivités locales en chiffres 2017, Paris, Direction générale des collectivités locales, 2017, 121p., p.8.
16) 同書（Bruno Delsol et al）同頁によればフランスの2017年1月1日現在の人口は66,100,000人、一方、総務省統計局によれば2017年1月現在の日本の人口は126,822,000人とある。
17) 総務省の発表によれば、2017年10月1日現在の日本の市町村数は1,718。
18) Bruno Delsol et al.　前掲15）　p.8, 22.

1.1 コミューン及びコミューン連合の図書館

　この状況下、フランスでは、コミューン連合（intercommunalité）の形成が積極的に進められており、第四の地方公共団体ともいえる機能を果たすようになっている。図書館に関しても、コミューン連合によって運営される事例が増えている [19]。

　日本の市町村立図書館と同様に、フランスのコミューン及びコミューン連合の図書館も、当該地域の住民を対象に身近な公共図書館としての役割を果たしている。ただし、フランスのコミューン及びコミューン連合の図書館には、日本の市町村立図書館と大きく異なるいくつかの特徴が存在する。

・指定図書館（bibliothèque classée: BC）

　例えば、フランスのコミューン及びコミューン連合の図書館の中には、主として革命時の没収遺産に由来する極めて貴重な資料を多く所蔵しているところがある。現在、それらの図書館は、特に区別して指定図書館（bibliothèque classée: BC）と位置づけられている。しかし、歴史的に眺めれば、フランスのコミューンの図書館は、元々は、それらの資料をコミューンの管理下で保管する目的で創設されたのである。

　フランス革命で聖職者や貴族等から没収された蔵書は、当初は、文献保管所（dépôt littéraire）や、革命期の教育機関として設けられた中央学校（école centrale） [20] に保管されていた。しかしながら、革命暦第 10 年、すなわち、

19）小規模なコミューンが共同で図書館運営を行う例は、すでに 1980 年代始め頃にはみられたということである①。そして今や、コミューン連合は、フランスにおけるコミューンの図書館について検討する上で、決して無視できない存在となっている②。加えて、最近では、小規模なコミューンだけではなく、都市部におかれた大規模な図書館の中にも、その運営主体を単独のコミューンからコミューン連合へと移管させたところがある。この状況下、2017 年 4 月に文化遺産法典が修正され③、コミューンの図書館（BM）を規定する章（titre）が廃止されるとともに、コミューン及びコミューン連合（bibliothèque intercommunale）による図書館を規定する章が創設された。

　① Bénédicte Gornouvel, La BMVR et la bibliothèque intercommunale: l'exemple de la bibliothèque municipale de Rennes（Diplôme de conservateur des bibliothèques）, Villeurbanne, ENSSIB, 2002, 96p., p.27.

　② Laurence Boitard, "Lecture publique et intercommunalité," Bulletin des Bibliothèques de France, Vol.46, No.3, 2001, p.44-47.

　③ Ordonnance n° 2017-650 du 27 avril 2017 modifiant le livre III du code du patrimoine.

20）1795 年 2 月 25 日、すなわち、革命暦第 3 年風月 7 日付の行政命令（Décret du 7 ventôse an III）

1802 年に中央学校が廃止され[21]、翌年には、それらの蔵書をコミューンの管理下に置くことが決定された[22]。そして、この決定で創設された図書館が、フランスにおけるコミューンの図書館の元祖となっているのである。

けれども、その後の時代の流れの中で、革命時の没収遺産を持たない図書館が増えていく。地域住民に読書の機会を提供するなど、いわゆる通常の公共図書館としての役割のみを果たす目的で創設された図書館である。この状況下、19 世紀の終わりには、コミューンの図書館を格付けすることが決定された[23]。革命時の没収遺産に由来する特に貴重な資料を所蔵している図書館を指定図書館と位置づけ、その他の図書館と区別して扱うこととなったのである[24]。この格付けは、一時期は三種類だったこともあるのだが、現在では、指定図書館とそれ以外の二種類となっている[25]。

そして、指定図書館には、その他のコミューン及びコミューン連合の図書館

によって設けられ、1802 年まで存続した教育機関。

21）Loi du 11 floréal an X.　革命暦第 10 年花月 11 日付法律。1802 年 5 月 1 日に相当する。

22）Décret impérial du 8 pluviôse an XI.　革命暦第 11 年雨月 8 日付法律。1803 年 1 月 28 日に相当する。この勅令の内容は、以下に所収されている。

Ulysse Robert, Recueil de lois : décrets, ordonnances, arrêtés, circulaires, etc. concernant les bibliothèques publiques, communales, universitaires, scolaires et populaires, Paris, H. Champion, 1883, 258p.. p.73-74.

ただし、この勅令に関しては正式な記録が残されておらず、学者によってデクレ（décret）ではなく、アレテ（arrêté）という用語が採用されることもあるという。

Cécile Quach, Histoire des bibliothèques municipales de 1880 à 1910: vers une modernisation?（Mémoire d'étude du diplôme de conservateur des bibliothèques）. Villeurbanne, Enssib, 2013, 70p., p.10.

23）Décret du 1er juillet 1897 relatif aux bibliothèques publiques des villes.（Bibliothèque de l'école des chartes. Vol.58, 1897, p.510-516. 所収）

24）例えば、同行政命令（Décret du 1er juillet 1897）第 6 条には、指定図書館の上級司書（conservateur）または司書は、古文書学校（école des Chartes）出身者か司書職適性証（certificat d'aptitude aux fonctions de bibliothécaire: CAFB）保持者の中から選ばなければならないと規定されている。司書職適性証とは、1879 年の条例①により創設されたものであるが、同条例にもあるように、創設当初は大学図書館職の資格であった。なお、1951 年②にも同名の資格が創設されているのだが、両者は別のものである。

① Arrêté du 23 août 1879 portant reglement général du service des bibliothèques universeitaire, Ⅰ, Ⅱ, Ⅲ.

② Arrêté du 17 septembre 1951 portant création d'un certificat d'aptitude aux fonctions de bibliothécaire.

25）1931 年 7 月 20 日付法律①により、国家による統制基準の高い順から、指定図書館、統制図書館（bibliothèque contrôlée）、そして監督図書館（bibliothèque surveillée）の三種に分けられた。ただし、

1.1 コミューン及びコミューン連合の図書館

とは異なる特別な位置づけが与えられている。例えば、指定図書館は、管理主体が当該コミューンないしコミューン連合となった現在でも、国家の統括司書（conservateur général）や上級司書（conservateur）の配置対象となっている。ただし、その配置人数は館によって様々であり、将来的には減少させる方向にあるといわれていたこともある[26]。

なお、指定図書館には、いわゆる通常の資料も多く所蔵されており、主に地域住民を対象とした貸出なども積極的に実施されている。地域の中央館としての役割を果たしているところも多く、各種企画や催し等、読書や文化に関する取り組みも盛んに実施されている。

・地域拠点図書館（bibliothèque municipale à vocation régionale: BMVR）＜ 1.1-1 ＞

ところで、指定図書館の内 12 館は、同時に、法規定上、地域拠点図書館（BMVR）として位置づけられていたこともある[27]。地域拠点図書館とは、地域の拠点としての役割を果たす目的で、地方分権政策の一環として設けられた助成金を利用して創設された図書館である[28]。ただし、いずれも結果的に、既存の指定図

1947 年 7 月 1 日付行政命令②により、後二者の扱いは実質上同列化されることになる。つまり、法規定上は、上記三つの範疇が維持されることになるものの、国家による統制という側面において、後二者の間の区別は、この時点で、実質上なくなったと言われている③。そして、2017 年には、文化遺産法典が修正され④、法規定上も現在の二種類となるに至っている。

① Loi du 20 juillet 1931 relative au régime des bibliothèque publiques des villes et de leur personnel.
（Bibliothèque de l'école des chartes. Vol.92, 1931, p.231-233. 所収）
② Décret n° 47-1222 du 1 juillet 1947 relatif au contrôle des bibliothèques municipales dedeuxième et troisième catégorie.
③ Louis Yvert, "Sur les catégories de bibliothèques municipales: petite histoire d'une législation et d'une réglementation confuses," Bulletin des Bibliothèques de France. 1992, Vol.37, No.5, p.54-71.
④ Ordonnance n° 2017-650 du 27 avril 2017 前掲 19）③

26) Laurence Santantonios, "Les conservateurs d'État sur la sellette," Libres Hebdo, No.698, 2007.8.24, p.98.
27) 2004 年 2 月①から 2017 年 4 月②まで、文化遺産法典 L310-5 条には、地域拠点図書館（BMVR）の条項が設けられていた。
① Ordonnance n° 2004-178 du 20 février 2004 relative à la partie législative du code du patrimoine.
② Ordonnance n° 2017-650 du 27 avril 2017 前掲 19）③
28) 1992 年 7 月 13 日付法律①の第 4 条に基づいて創設され、具体的な館名は、1998 年 6 月 8 日付条例②第 1 条にアルファベット順に掲載されている。地域拠点図書館（BMVR）については、前掲6）の拙論を参照されたい。

1 フランスの各種図書館と、本稿が対象とする図書館職

1.1-1 地域拠点図書館 (bibliothèque municipale à vocation régionale: BMVR)

設置都市 (コミューン) 名 ville (commune)	運営主体 Collectivité de tutelle	(運営主体が EPCI の場合) EPCI 名 注)	図書館名 nom de la BMVR	設置都市の所在県 (県番号) département	設置都市が所在する地域圏 région	開館年月 ouverture	設計担当者 architectes
シャロン=アン=シャンパーニュ Chalons-en-Champagne	同左		Bibliothèque Georges-Pompidou	マルヌ (51) Marne (51)	グラン・テスト Grand Est	2001年3月	Paul Chemetov Borja Huidobro
ラ・ロシェル La Rochelle	都市圏共同体 communauté d'agglomération	都市圏共同体ラ・ロシェル Communauté d'agglomération de La Rochelle	Médiathèque Michel-Crépeau	シャラント=マリティーム (17) Charente-Maritime (17)	ヌーヴェル=アキテーヌ Nouvelle-Aquitaine	1998年3月	Éric Cordier Jean-Pierre Lahon
リモージュ Limoges	同左		Bibliothèque francophone multimédia	オート=ヴィエンヌ (87) Haute-Vienne (87)	ヌーヴェル=アキテーヌ Nouvelle-Aquitaine	1998年9月	Pierre Riboulet
マルセイユ Marseille	同左		Bibliothèque de l'Alcazar	ブーシュ=デュ=ローヌ (13) Bouches-du-Rhône (13)	プロヴァンス=アルプ=コート・ダジュール Provence-Alpes-Côte d'Azur	2004年3月	Adrien Fainsilber
モンペリエ Montpellier	メトロポール métropole	モンペリエ・メディテラネ・メトロポール Montpellier Méditerranée Métropole	Médiathèque centrale Emile Zola	エロー (34) Hérault (34)	オクシタニー Occitanie	2000年10月	Paul Chemetov Borja Huidobro
ニース Nice	同左		Bibliothèque Louis Nucéra	アルプ=マリティーム (06) Alpes-Maritimes (06)	プロヴァンス=アルプ=コート・ダジュール Provence-Alpes-Côte d'Azur	2002年6月	Francis Chapus Yves Bayard
オルレアン Orléans	同左		Médiathèque d'Orléans	ロワレ (45) Loiret (45)	サントル=ヴァル・ド・ロワール Centre-Val de Loire	1994年5月	Pierre du Besset Dominique Lyon
ポワチエ Poitiers	同左		Médiathèque François-Mitterrand	ヴィエンヌ (86) Vienne (86)	ヌーヴェル=アキテーヌ Nouvelle-Aquitaine	1996年9月	Hervé et Laurent Beaudoin Sylvain Giacomazzi
ランス Reims	同左		Médiathèque Jean Falala	マルヌ (51) Marne (51)	グラン・テスト Grand Est	2003年5月	Jean-Paul Viguier Jean-Louis Roubert
レンヌ Rennes	メトロポール métropole	レンヌ・メトロポール Rennes métropole	Bibliothèque des Champs Libres	イル=エ=ヴィレーヌ (35) Ille-et-Vilaine (35)	ブルターニュ Bretagne	2006年3月	Christian de Portzamparc
トゥールーズ Toulouse	同左		Médiathèque José Cabanis	オート=ガロンヌ (31) Haute-Garonne (31)	オクシタニー Occitanie	2004年5月	Jean-Pierre Buffi
トロワ Troyes	都市圏共同体 communauté d'agglomération	トロワ・シャンパーニュ・メトロポール Troyes Champagne Métropole	Médiathèque du Grand Troyes	オーブ (10) Aube (10)	グラン・テスト Grand Est	2002年10月	Pierre du Besset Dominique Lyon

注) EPCI : Établissement public de coopération intercommunale コミューン間協力公施設法人

1.1 コミューン及びコミューン連合の図書館

書館を移転新改築するなどの形で創設された。なお、それらの中には、地域拠点図書館となったことを機に、運営主体をコミューンからコミューン連合へと変更させた館もある。

　地域拠点図書館に関しては、各種法規類などに基準が定められていた。例えば、設置場所、延べ床面積、蔵書冊数及びその種類などに関する基準である。新しい情報通信技術を使用していることや地域の共同計画に参加することも条件となっていた。しかしながら、例えば、リヨン（Lyon）やニーム（Nîmes）等、地域拠点図書館創設のための助成を国から受けておらず、換言すると、地域拠点図書館という呼称を用いてはいないが、それらの基準を満たしている図書館も以前より存在した。そのため、それらの図書館と地域拠点図書館との相違点は、そのための助成を受け、また、文化遺産法典をはじめ法的に規定されたということにすぎず、実践面における明確な基準が存在するというわけでもないことが指摘されていた[29]。この状況下、2017 年 4 月に文化遺産法典が修正され、地域拠点図書館（BMVR）の条項は削除されたのである。

　ともあれ、地域拠点図書館を設置する目的の一つは、フランス各地に国立図書館と釣り合いが取れるような施設を創設することであったという[30]。地域拠点図書館の設計は全て著名な建築家に手がけられ、いずれも偉容を誇る外観を呈している。そして、その背景には、それぞれの地域で「小さな国立図書館」の設置が望まれていたことが指摘されている[31]。

---

① Loi n° 92-651 du 13 juillet 1992 relative à l'action des collectivités locales en faveur de la lecture publique et des salles de spectacle cinématographique.

② Arrêté du 8 juin 1998 relatif à la liste des opérations ouvrant droit au bénéfice des crédits de la troisième part du concours particulier de la dotation générale de décentralisation pour les bibliothèques municipales.

29) Claire Nillus "BM, oui, mais pas si VR que ça," Libres Hebdo, No.425, 2001.5.11, p.54-56.

30) Thierry Grognet et Marion Lorius, "Les bibliothèques municipales à vocation régionale: du mythe à la réalité," Bulletin des Bibliothèques de France, Vol.45, No.3, 2000, p.17-24.

31) Laurence Santantonios, "La fin d'un cycle," Libres Hebdo, No.635, 2006.3.3, p.11.

・読書施設（point d'accès au livre）

一方、先にも述べたように、フランスのコミューンは、その数が極端に多く、概して規模が非常に小さい。この状況下、とりわけ小さなコミューンには、図書館ではなく読書施設（point d'accès au livre）が置かれていることもある[32]。後者は、図書館の基準を満たしていないという意味において、図書館類似施設と呼ばれていることもある。すなわち、地方の図書館及び図書館類似施設は、県立貸出図書館長協会（Association des directeurs de bibliothèques départementales de prêt: ADBDP）が定めた基準によって等級が決められているのだが、読書施設とは、同協会が定める図書館の基準を満たさない施設を指している＜ 1.1-2 ＞。それらの中には、ボランティアに多くを依存する形で運営されているところもある。しかしながら、そのほとんどが県立図書館による支援を受けており、また、ボランティアに対する養成や教育も、当該県の県立図書館を中心に実施されている。

ところで、文化コミュニケーション省・メディア及び文化産業総局（Direction

1.1-2　県立貸出図書館長協会による図書館及び類似施設の類型　　　　　　　　　　　人：住民

	図書館 bibliothèque			読書施設 point d'accès au livre	
	第 1 級 niveau 1	第 2 級 niveau 2	第 3 級 niveau 3	読書地点 point lecture	本置き場 dépôt
資料購入予算 crédits d'acquisition tous documents	2€ / 人	1€ / 人	0.5€ / 人	第 3 級の の基準が 2 又は 3 当てはまる	第 3 級 の基準が 2 より 少なく 当てはまる
開館時間 horaires d'ouverture	12 時間以上 / 週	8 時間以上 / 週	4 時間以上 / 週		
職員 personnel	文化系統、職階 B の職員 1 人 ／ 5000 人 有資格かつ有給の 職員 1 人 ／ 2000 人	有資格かつ 有給の職員 1 人	有資格の ボランティア 数人		
床面積 surface	100m² + 0.07m²/ 人 注)	50m² + 0.04m²/ 人	25㎡		

注）但し、人口 25,000 人以上のコミューンでは 0.015m²/ 人

32）なお、読書施設は大都市にも存在する。

1.1 コミューン及びコミューン連合の図書館

générale des médias et des industries culturelles: DGMIC）による報告によれば、2014年現在、フランスには、地域住民に開かれた図書館及び図書館類似施設が16,096 ヶ所存在する。ただし、その内、県立貸出図書館長協会（ADBDP）による図書館の基準を満たす施設は約 7,112 館、残りの 8,984 施設は読書施設と位置づけられている[33]。

　従って、フランスには、図書館及び図書館類似施設が約 4,162 人に 1 ヶ所の割合で設置されていることになる。県立貸出図書館長協会による図書館の基準を満たす施設だけで計算しても、約 9,419 人に 1 館の割合である[34]。この値は、OECD28 カ国中 5 番目であるものの、ある程度の人口を抱える大国の中では最高の水準となっている[35]。

　それに対して、2016 年 4 月 1 日現在、日本の公立図書館、すなわち、都道府県立、及び市区町村立図書館は 3,261 館と記録されている[36]。ということは、日本の場合、公共図書館が 38,891 人に 1 館の割合で設置されている計算になる[37]。これらを単純に比較してみると、フランスには、住民を対象とした身近な公共図書館が、県立貸出図書館長協会による基準を満たす施設だけで日本の 2 倍以上、また、人口あたりでは 4 倍以上設置されていることになる。なお、日本の人口当たりの図書館数は、OECD28 カ国中 26 位と最低の水準であるという[38]。

　フランスの地方分権政策は、あくまでも国家的な均衡を主眼とし、地域格差、とりわけパリと地方との格差を是正するためのものであったことは、周知の事実である。地域拠点図書館の創設や、あるいは、図書館の多さも、この趣旨に沿ったものだったといえるだろう。

33）Observatoire de la lecture publique, Bibliothèques municipales et intercommunales: données d'activité 2014 synthèse nationale. Ministère de la Culture et de la Communication, 2016, 90p., p.12.

34）フランス国立統計経済研究所（Institut national de la statistique et des études économiques: Insee）による 2017 年 1 月 1 日現在のフランスの人口 66,991,000 人より計算した。

35）山本昭和「世界の図書館統計：日本のランキング」『談論風発』Vol.12, No.3, 2018.03, p.10-11.

36）日本図書館協会図書館調査事業委員会編『日本の図書館：統計と名簿 2016』日本図書館協会 , 2017, 513p.

37）総務省統計局によれば、2017 年 1 月現在、日本の人口は 126,822,000 人である。

38）山本昭和　前掲 35）

1.2 県の図書館 (bibliothèque départementale)

　フランスの県は、革命時に住民を行政機関に近づける目的で創設された。コミューンに比べて歴史が浅く、県域にしても県庁所在地から馬で 1 日で行ける範囲を目安に人為的に設定されている。また、地方分権政策が実施される以前まで、選挙による県議会 (conseil général) と官選 (国選) の地方長官 (préfet) の両方に管理されていた。要するに、フランスの県は、地理的な範囲として人為的に設定されたものであり、自治体というよりも、国の出先機関としての役割を長く担ってきたのである[39]。しかしながら、地方分権政策が実施され、県の役割は、コミューンや地域圏、あるいはコミューン連合に比べると、小さくなりつつあるともいわれている。以上のことは、県の図書館の設置目的や運営方針にも大きな影響を与えている。

・貸出中央図書館 (bibliothèque centrale de prêt: BCP) の時代

　フランスでは、県の図書館が、国立の図書館として創設された。ただし、コミューンの図書館とは異なり、県の図書館の目的は、当初から、当該県の住民に読書の機会を提供することであった。全国民、とりわけ非都市部の人々に読書の平等性を確保する目的で、全ての県に図書館を設置していくことが決定されたのである。ド・ゴール (Charles de Gaulle) 臨時政府の時代のことである。

　1945 年 3 月、国民教育省の下に図書館公読書局 (direction des bibliothèques et de la lecture publique: DBLP) が新設され[40]、公読書 (lecture publique) が、公教育と並ぶ国民の権利として位置づけられることとなった。そして 11 月には、同局

---

39) Michel Verpeaux et. al., Les collectivités territoriales et la décentralisation 10e éd., Paris, Documentaion française, 2017, 208p., p.22-23.

40) 1975 年、図書館公読書局は解体され、図書館に関する権限が、文化省と国民教育省とに分割された。次いで翌 1976 年 1 月 1 日付で文化省の中に図書局 (direction du livre: DL) が設けられ、県やコミューンの図書館は、図書局が担当することになった。一方、学校図書館や大学図書館は、引き続き教育担当省が担当することになる。そしてそれ以降、フランスの図書館は、館種により教育担当省

1.2 県の図書館

の管轄下、全ての県に貸出中央図書館（bibliothèque centrale de prêt: BCP）を設置していくことが決定されたのである [41]。貸出中央図書館では、住民が図書館を訪れるのではなく、巡回用バス（bibliobus）[42] で本を届けるという方法が採用された。各県の貸出中央図書館が、それぞれ自らの財政力では図書館を設置したり維持することが困難なコミューンの住民に本を届け、それぞれ当該県の全域で公読書を推進しようというわけである。

ただし、貸出中央図書館の各県への設置は、決して速やかに進められていったわけでもない。また、当初は、大規模コミューンの図書館内や大学の敷地内等、既存の機関に組み込まれる形で設置されることが多かった [43]。地方分権政策の下、この図書館の権限はそれぞれの県に移譲されることになるのだが、全県への設置が完了したのは、その直前のことである。

具体的には、1982 年 2 月に、この時点でもまだ未設置であった 17 県への設置が実施され、1985 年 3 月には、テリトワール・ドゥ・ベルフォール県（Territoire de Belfort)への設置が実施された。結果的に、40 年近い歳月を要したことになる。それでも、1985 年 3 月には、パリ都市圏内の 3 小県 [44] を除く形ではあるものの、本土内の全県への設置が一応実現しているのである。さらに、その後、まだ設

と文化担当省とに分かれて管轄されているのである。なお、1982 年に、図書局は図書読書局（direction du livre et de la lecture: DLL）となり、さらに 2009 年の行政命令①により、2010 年 1 月 13 日付でメディア及び文化産業総局（direction générale des médias et des industries culturelles: DGMIC）へと改組されている。

① Décret n° 2009-1393 du 11 novembre 2009 relatif aux missions et à l'organisation de l'administration centrale du ministère de la culture et de la communication.

41) Ordonnance n° 45-2678 du 2 novembre 1945 créant une bibliothèque centrale de prêt dans certains departments.

42) 後に、書架を備えたものや、音楽資料を扱うバス（musibus）、あるいは紙媒体以外の資料も扱うバス（médiabus）も導入されるようになるのだが①、当初は、「バス」というより、貨物自動車（camion）とでも呼称すべきようなものであったという②。

① Bertrand Calenge, "Les bibliothèques centrales de prêt: dix années de mutations," Bulletin des Bibliothèques de France. Vol.37, No.4, 1992, p.24-34.

② Martine Blanchard, "Quelles missions pour les bibliothèques départementales de prêt?,"Bulletin des Bibliothèques de France. Vol.42, No.5, 1997, p.8-15.

43) Brigitte Richter, "La construction des bibliothèques centrales de prêt: ou l'image de leur mission," Bulletin des Bibliothèques de France. Vol.30, No.3-4, 1985, p.278-282.

44) オ＝ドゥ＝セーヌ県（Hauts-de-Seine）、セーヌ＝サン＝ドゥニ県（Seine-Saint-Denis）、ヴァル＝ドゥ＝マルヌ県（Val-de-Marne）

置されていなかった海外県にも設置されるに至っている[45]。

・県立貸出図書館（bibliothèque départementale de prêt: BDP）の時代

　先にも触れたように、フランスでは、1980年代より地方分権政策が開始され、地域の図書館の管理も基本的には当該地域が担うようになっていく。貸出中央図書館に関しても、1986年よりそれぞれ県議会の管轄下に置かれることになり[46]、1992年には、県立貸出図書館と名称変更されている[47]。

　この状況下、1987年11月付で、貸出中央図書館長協会（Association des directeurs de bibliothèques centrales de prêt: ADBCP）が創設された。県の図書館としての役割を、以後も統一的に果たしていくための仕組みが確保されたということである。換言すれば、それぞれの県に移譲されたからといって、その役割が大きく変化したわけではなく、それぞれが全く独自の方針で運営されることになったわけでも決してない。なお、上記名称変更に伴い、貸出中央図書館長協会も、県立貸出図書館長協会（Association des directeurs de bibliothèques départementales de prêt: ADBDP）と名称変更され、さらに2017年より県の図書館員協会（Association des bibliothécaires départementaux: ABD）となった。

・県の図書館（bibliothèque départementale）

　創設以来、フランスの県の図書館は、読書を中心とする文化の平等性を確保するための役割を果たしてきた。巡回用バスで小規模コミューンの住民に本を届けることから開始され、その後は、それに加えて、当該県内の図書館や読書施設を支援する役割を担っている。例えば、県の図書館では、当該県の図書館

45）ただし、本土とは異なり、海外県の図書館は、コミューンの図書館としての役割も兼ねている。

46）Décret n°86-102 du 20 janvier 1986 relatif à l'entrée en vigueur du transfert de compétences dans le domaine de la culture.
　次章でも述べるように1982年3月の地方分権法（Loi n°82-213 du 2 mars 1982）の下、翌1983年1月に、いわゆる権限配分法（Loi n°83-8 du 7 janvier1983）が制定された。同法には、教育および文化領域の権限移譲は3年以内に完遂すべきと規定されていたのだが、その期限が迫った1986年の行政命令で、貸出中央図書館はそれぞれ当該県議会の管轄下に置かれることになったのである。

47）Art. 6 de la Loi n°92-651 du 13 juillet 1992 前掲28）①

や読書施設の運営を担う有給の職員やボランティアを対象に、様々な研修が実施されている。コミューンの図書館や読書施設、とりわけ小規模なコミューンの図書館や読書施設は、県の図書館による支援を受け、県の図書館を中心とする公読書活動のネットワークに組み込まれる形で運営されているのである。そして現在に至るまで、基本的に県の図書館は、貸出はもとより館内での直接サービスは実施していない。

しかし、最近になって、県の図書館のあり方に、少しずつ変化の兆しが認められる。例えば、2006 年より、ブーシュ＝デュ＝ローヌ県（Bouches-du-Rhône）の図書館では館内での閲覧が可能となり、加えて、併設の文書館と協力する形で、展示会やコンサート等、文化的な催しも実施されることになった。同館は、2006 年 6 月にガストン・ドゥフェール県立文書館兼図書館（Archives et bibliothèque départementales Gaston-Defferre）として新築再開館したのだが、それを機に、従来の役割に加えて、いわゆる来館型のサービスも開始されることとなったのである。ただし、同館でも貸出は実施していない。

また、2016 年 6 月 1 日付で、イヴリーヌ（Yvelines）県の県立貸出図書館が廃止されることになった[48]。フランスの全県に当該県の図書館及び読書施設を支援するための図書館が置かれるという、これまでの原則が崩れることとなったのである。のみならず、この廃止を参考に、リヨンを中心とする広域行政体グラン・リヨン（Grand Lyon）でも、当該地域における公読書のあり方が再考されつつあるという[49]。

この状況下、2017 年には文化遺産法典が修正され[50]、同法典にある県立貸出図書館（bibliothèque départementale de prêt: BDP）という用語が、県の図書館（bibliothèque départementale）に改められた。今日のフランスでは、県や地域圏とは異なる形での広域行政化が積極的に進められつつあるのだが、この状況下、

---

48) Hélène Girard, "Les bibliothèques départementales de prêt face à un flou juridique," La Gazette, 2017.2.20.

49) Mélanie Le Torrec, "Redéploiement territorial," Bulletin des bibliothèques de France. No.12, 2017.7,p.60-69.

50) Ordonnance n° 2017-650 du 27 avril 2017 前掲 19) ③

県立図書館が当該県の公読書を支えるという従来のあり方が、僅かずつながら再考され始めている。

1.3　パリの二大図書館

　ここでは、フランス国立図書館（Bibliothèque nationale de France: BNF）と公共情報図書館（Bibliothèque publique d'information: Bpi）について取り上げる。それらは、パリの二大図書館などといわれていることもある。しかし、フランス国立図書館（BNF）は、実際にはパリ以外の分館や技術センターを含む複数館から構成されている。

　これらは、大学など高等教育機関の図書館以外で、国が運営する代表的な図書館である。これまでに取り上げた地方の図書館、つまり、コミューン及びコミューン連合の図書館と県の図書館は、いずれも文化担当省の管轄下に置かれている。一方、国の図書館には、文化担当省以外にも、教育担当省の管轄下に置かれているものがあるのだが、大学図書館は後者である。そのため、ここで取り上げるパリの二大図書館は、文化担当省が管轄する国の図書館[51] の内、代表的なものともいえる。

　ただし、これら二つの図書館は、沿革も課せられた役割も、互いに大きく異なっている。対照的とみなすことさえ可能である。フランス国立図書館(BNF)は、14世紀の王室文庫を起源にもつ。それに対して、公共情報図書館（Bpi）は、20世紀後半に現代芸術の拠点として創設されたジョルジュ・ポンピドゥー国立芸術文化センター（Centre national d'art et de culture Georges-Pompidou）内の図書館である。以下、両館の沿革を、それぞれ簡単に確認しておくことにする。

51）この範疇に属する図書館としては、他にも、例えば、シテ科学産業博物館（Cité des Sciences et de l'industrie）等、国が運営する施設内の図書館がある。

1.3 パリの二大図書館

1.3.1　フランス国立図書館とその前身

　フランス国立図書館（BNF）は、既存の二館を統合する形で創設された。1994年の行政命令[52]により、長い伝統を持つ国立図書館（Bibliothèque nationale: BN）と、新たに建設されたフランス図書館（Bibliothèque de France: BDF）を統合し、新たな国の図書館として、フランス国立図書館（BNF）が誕生したのである。統合した後、前者、つまり旧館はリシュリュー館（site Richelieu）などと呼ばれるようになり、後者、つまり新館はトルビアック館（site Tolbiac）などと呼ばれている。

・1970 年代まで

　旧館、つまりリシュリュー館となった国立図書館（BN）は、王立図書館を母体として革命時に創設された。そして、その王立図書館の前身は、14 世紀にシャルル 5 世が創立した王室文庫（Librairie royale）にまで遡ることができるという。

　国で刊行されたあらゆる出版物を集めて保存する制度を納本制度というのだが、フランスは、世界で初めて納本制度を定めた国であるともいわれている。というのも、1537 年、フランソワ 1 世によりモンペリエの勅令[53]が発せられ、王立図書館への納本義務が定められたからである。そして以後、王立図書館及びその後身の国立図書館（BN）、さらに同館を統合して誕生したフランス国立図書館（BNF）は、フランスにおける納本図書館、つまり納本の寄託館としての役割を担ってきたのである[54]。

　ただし、フランス革命時の 3 年間、納本制度は一旦中断されている。しかしながら、フランス革命により、王立図書館を母体に国立図書館（BN）が創設され、

---

52) Décret n° 94-3 du 3 janvier 1994 portant création de la Bibliothèque nationale de France.
53) Ordonnance de Montpellier du 28 décembre 1537.
54) 今日の「納本」の対象は、いわゆる「本」に限らない。例えば、版画や写真、視聴覚資料などあらゆる媒体のものが対象となっている。加えて、映画等はフランス国立映画映像センター（Centre national du cinéma et de l'image animée: CNC）により、また、テレビやラジオの番組等は、フランス国立視聴覚研究所（Institut national de l'audiovisuel: INA）によって収集、管理、保存されている。

30

その蔵書には、大量の没収遺産が加えられた。なお、国立図書館（BN）は、その後、政体の変化に伴って、帝国図書館（Bibliothèque impériale）や王立図書館（Bibliothèque royale）となっていた時期もある。

　また、国立図書館（BN）の創設をきっかけに、復古王政期の 1821 年、ルイ18 世の勅令[55] により古文書学校（École des chartes: EC）[56] が創設されている[57]。古文書学校は、図書館職教育に関係する現存の高等教育機関としてフランスで最も古い歴史を持っており、現在でもシャルティスト（chartiste）と呼ばれる卒業生が図書館や文書館等で活躍している。

　その後、第一次世界大戦後の約 50 年強、具体的には 1920 年代から 70 年代にかけて、国立図書館（BN）は、パリにあるその他の国の大図書館と連合体を形成していたことがある。ただし、その構成館は、何度も変更されている。

　まず、1923 年[58]、アルスナル図書館（Bibliothèque de l'Arsenal）、マザラン図書館（Bibliothèque Mazarine）、そして、サント＝ジュヌヴィエーヴ図書館（Bibliothèque Sainte-Geneviève）の三館が、国立図書館（BN）と一体の組織になることが決定された。次いで、1926 年[59]、国立図書館（BN）と、それら三館、そして、戦争博物館図書館（Bibliothèque-musée de la guerre）とで、パリ国立図書館連合（Réunion des bibliothèques nationales de Paris）が形成された[60]。しかし、戦争博物館図書館、次いで、サント＝ジュヌヴィエーヴ図書館が同連合から脱退し、その後、オペラ博物館図書館（Bibliothèque-musée de l'Opéra）が加盟、一方、マザラン図書館が脱退するなど、脱退と加盟が繰り返されている。そして、同連合は、

---

55) Ordonnance royale du 22 février 1821 portant création d'une école des chartes.
56) 国立古文書学校（École nationale des chartes: ENC）と表記されることもある。
57) 革命以前において、文書の管理や整理は、主として、ベネディクト派の修道院が担っていた。古文書学校の創設は、それに代わり、中世の証書や公文書等を含む古文書を整理、解読し、研究する人材を養成することであった。
58) Décret du 29 août 1923.
　　（Bibliothèque de l'école des chartes. Vol.84, 1923, p.422-423. 所収）
59) Décret du 28 décembre 1926 sur la nouvelle organisation des bibliothèques nationales de Paris.
　　（Bibliothèque de l'école des chartes. Vol.87, 1926, p.448-449. 所収）
60) Christian de Serres de Mesplès, Les bibliothèques publiques françaises: leur organisation, leur réforme. Montpellier, Imprimerie de la Charité, 1933, p.112p., p.75-76, 89-93.

1.3　パリの二大図書館

第五共和政時代の 1977 年に廃止され、同時に、この時点で同連合に加盟していたアルスナル図書館とオペラ博物館図書館は、国立図書館（BN）の一部局として位置づけられることとなる[61]。

・1980 年代以降

　一方、新館、つまりトルビアック館となったフランス図書館（BDF）が創設されることとなったきっかけは、1988 年の大統領演説であったという。1988 年 7 月 14 日、ミッテラン大統領により、革命記念日に恒例の大統領演説が行われた。その中で、世界で最も偉大かつ近代的な図書館を創設する計画、いわゆる「グラン・プロジェ」が発表されたのである。この発表を受け、翌 1989 年の行政命令[62] で、公施設法人フランス図書館（Bibliothèque de France: BDF）が設けられ、フランス図書館を創設するための計画が推進されていった。

　その後、以前から存在する国立図書館（BN）と、当時建設中であったフランス図書館（BDF）を統合してフランス国立図書館（BNF）とすることが決定された。その結果、先にも取り上げた 1994 年の行政命令により、現行のフランス国立図書館（BNF）の体制が誕生することとなったのである。

　この体制の下、印刷資料、逐次刊行物、そして視聴覚資料の大半は、新しく建設されたフランス図書館（BDF）、つまりトルビアック館に移された[63]。なお、同館は、フランソワ・ミッテラン館（site François-Mitterrand）とも呼ばれている。一方、国立図書館（BN）、つまりリシュリュー館と呼ばれることとなった旧館では、写本やメダル、版画などが保存されることとなった。なお、リシュリュー館は、収蔵物の一部が、近接するルヴォワ通りの建物にも分置されていることから、リシュリュー＝ルヴォワ館（site Richelieu-Louvois）とも呼ばれている。

61）Décret n° 77-1274 du 19 novembre 1977 relatif à l'organisation et au régime financier de la Bibliothèque nationale.

62）Décret n° 89-777 du 13 octobre 1989 portant création de l'établissement public de la Bibliothèque de France.

63）Jacqueline Sanson, "De la bibliothèque nationale à la bibliothèque de France: le transfert de dix millions de volumes," Bulletin des bibliothèques de France. Vol.38, No.3, 1993, p.64-70.

1 フランスの各種図書館と、本稿が対象とする図書館職

　そして、トルビアック館（フランソワ・ミッテラン館）とリシュリュー館（リシュリュー＝ルヴォワ館）が、新体制の中心的施設としての役割を担うこととなったのである。その他、現体制の下では、以前より国立図書館（BN）と関係の深かった、パリのアルスナル図書館とオペラ博物館図書館のみならず、南仏の都市アヴィニヨン（Avignon）のジャン・ヴィラール記念館（Maison Jean Vilar）も、フランス国立図書館(BNF)の分館となっている。加えて、パリ東郊のコミューンであるビュシー＝サン＝ジョルジュ（Bussy-Saint-Georges）や、ペイ・ド・ラ・ロワール地域圏のコミューンであるサブレ＝シュル＝サルト（Sablé-sur-Sarthe）の古城サブレ城（Château de Sablé）には、それぞれ、フランス国立図書館（BNF）の蔵書を保存するための技術センターが置かれている [64]。

1.3.2　公共情報図書館（Bibliothèque publique d'information: Bpi）

　公共情報図書館（Bpi）は、パリにあるジョルジュ・ポンピドゥー国立芸術文化センター（Centre national d'art et de culture Georges-Pompidou: CNAC）内の図書館である。同センターは、1969 年にポンピドゥー大統領により現代芸術の拠点として発案され、1977 年に開館した総合文化施設である。

　フランスでは、1970 年代後半より多様なメディアを扱う図書館が増えていき、従来の「ビブリオテック」という呼称を「メディアテック」に改める館も相次いだ。「図書（ビブリオ）」のみならず、多様な「媒体（メディア）」を扱っている「ところ（テック）」というわけである。そして、公共情報図書館（Bpi）は、その先駆的かつ象徴的存在となっている。しかし、公共情報図書館（Bpi）は、呼称にこの名辞、つまり「メディアテック」を採用しなかった。そして、この事態は、「メディアテック」なるものの概念が必ずしも自明でないことを示しているとの指摘もある [65]。

64）ビュシー＝サン＝ジョルジュ技術センター（Centre technique de Bussy-Saint-Georges）と、ジョエル＝ル＝トゥール技術センター（Centre technique Joël-le-Theule à Sablé-sur-Sarthe）。
65）Anne-Marie Bertrand, "La Médiathèque Questionnée," Bulletin des bibliothèques de France. Vol.39, No.2, 1994, p.8-12.

1.4 大学図書館

　それでも、公共情報図書館（Bpi）は、フランスにおける時代を先導する図書館として認識されている。なお、同館は、館外貸出を行わず、児童を対象とした蔵書は所蔵していない。1997 年から約 2 年半にわたって大規模な改修工事を行い、2000 年 1 月に新装開館している。

1.4　大学図書館

　ここでは、大学に代表される高等教育機関の図書館、とりわけその組織体系について取り上げる。フランスの高等教育機関には、日本のそれとは大きく異なる様々な特徴が存在する。そこでまずは、それらの特徴のいくつかを、図書館に関係する事柄に焦点を当てながら簡単に確認しておくことにする。

・フランスの高等教育機関
　フランスにおいて大学とは国立の高等教育機関である。そのため、フランスの大学図書館には、図書館系統の国家公務員が配置されてる。たしかに、大学という用語を用いて通称されている私立の高等教育機関も存在する。例えば、図書及び資料管理員学校（École de bibliothécaires-documentalistes: EBD）が付設されているパリ・カトリック学院（Institut catholique de Paris: ICP）も、しばしば、パリ・カトリック大学（université catholique de Paris）などと通称されている。しかしながら、正式名称として、私立の高等教育機関が大学を名乗ることは『教育法典』により禁じられているのである [66]。
　フランスの高等教育機関は、通常、グランデコール（grande école）と大学とに大別されると理解されていることが多い。図書館職の教育機関に関しても、古文書学校（École des chartes: EC）と国立図書館情報学高等学院（École nationale supérieure des sciences de l'information et des bibliothèques: ENSSIB）の二校は、しば

---

66) Article L731-14 du code de l'éducation

しば、グランデコールとして紹介されている。

　しかしながら実際には、グランデコールなるものの定義が正式に存在するというわけでもなく[67]、『教育法典』にも、グランデコールを規定する条項はみあたらない。古文書学校（EC）と国立図書館情報学高等学院（ENSSIB）の二校にしても、『教育法典』上は、大学とは区別される特別高等教育機関（grand établissement）として位置づけられている。要するに、今日のフランスにおいて、グランデコールとは、ある種の通称なのである。

　典型的とみなされているグランデコールの多くにおいて、生徒は、グランデコール準備学級（classe préparatoire aux grandes écoles: CPGE）[68][69]で２年間学んだ者の中かう、苛烈な競争試験によって選抜される。先に挙げた二校にしても少数精鋭主義が採用され、古文書学校（EC）の生徒はグランデコール準備学級（CPGE）で学んだ者の中から選抜される[70]。しかし、国立図書館情報学高等学院（ENSSIB）の生徒は、グランデコール準備学級（CPGE）で学んだ者の中から選抜されているわけではない。

　一方、通称グランデコールとは対照的に、フランスの大学には入学試験は存在しない。バカロレア（baccalauréat）[71]ないしはそれに相当する資格の保持者は、大学の第１期課程への登録が認められているからである[72]。正式名称としての学部（faculté）なるものも存在しない。というのも、1968 年の通称フォー

67）定義を記した公式文書としては、敢えて挙げれば、1992 年の教育用語に関する国民教育省令①に、「生徒を競争試験で選抜し、高度な養成教育を保証する高等教育機関」と説明されているのを指摘することができる。
　　① Arrêté du 27 août 1992 relatif à la terminologie de l'éducation.
68）Article D612-19 du code de l'éducation.
69）この準備学級は、通常、リセに置かれており、入学者はバカロレアないしはそれに相当する資格の保持者の中から選抜される。
70）A 部門の準備学級は計３ヶ所①、B 部門の準備学級はそれらに加えて７ヶ所②、すなわち、計10 ヶ所に置かれている。
　　① lycée Henri-IV（Paris）, lycée Pierre-de-Fermat（Toulouse）, lycée Fustel-de-Coulanges（Strasbourg）
　　② lycée Michel-Montaigne（Bordeaux）, lycée Carnot（Dijon）, lycée Faidherbe（Lille）, lycée Édouard-Herriot（Lyon）, lycée Alphonse-Daudet（Nimes）, lycée Camille-Guérin（Poitiers）, lycée Chateaubriand（Rennes）
71）中等教育レベルの修了を証明し、大学入学資格ともなる。しばしば、「bac」と略記される。
72）Article L612-3 du code de l'éducation.

1.4　大学図書館

ル法 [73) により、従来の学部（faculté）を解体し、それらを再編する形で教育研究単位（unité d'enseignement et de recherche: UER）が創設され、さらに 1984 年の通称サヴァリ法 [74) により、職業教育をより強く意識した教育研究単位（unité de formation et de recherche: UFR）に改められたからである [75)。ただし、大学の現場等では、法的にはすでに学部（faculté）が教育研究単位（UER、次いで UFR）に置き換わって 50 年以上が経過した現在でも、通称として学部（faculté）という呼称が好んで使われていることもある。

・ 高等教育機関の図書館とその組織体系

　さて、フランスの大学には、いわゆる中央図書館に加えて、それぞれの教育研究単位にも、図書館が設置されていることが多い。かつて、それらの図書館は、たとえ同じ大学内に設置されていても、それぞれ別々に運営されていた。

　この状況下、1985 年の行政命令 [76) により、各大学で資料共同利用機構（service commun de la documentation: SCD）を設けることが規定された。この行政命令は、1984 年の通称サヴァリ法に基づいて制定されたものである。いわゆる中央図書館やそれぞれの教育研究単位の図書館、そして、大学付属機関の図書館などが共同で活動を行うための仕組みが整えられていくことになったのである。さらには、同じ大学に属する図書館のみならず、複数の大学が共同で活動を行う目的で、施設間資料協力機構（service interétablissement de coopération documentaire: SICD）が組織されている場合もある。

　本稿では、大学図書館の問題に焦点を当てる際、狭義の大学図書館だけではなく、いわゆるグランデコールの図書館、そして資料共同利用機構（SCD）や、

---

73) Loi n° 68-978 du 12 novembre 1968 d'orientation de l'enseignement supérieur.
　　1968 年に 5 月革命の影響下で制定された。通称は当時の国民教育省大臣フォール（Edgar Faure）に因む。
74) Loi n° 84-52 du 26 janvier 1984 sur l'enseignement supérieur.
　　通称は当時の国民教育省大臣サヴァリ（Alain Savary）に因む。同法は、2000 年に『教育法典』に採用されている。
75) UER と UFR は共に教育研究単位と訳されることが多く、本稿もこの訳語法に従うこととする。
76) Décret n° 85-694 du 4 juillet 1985 sur les services de la documentation des établissements d'enseignement supérieur relevant du ministre de l'éducation nationale.

施設間資料協力機構（SICD）に加盟している図書館など、国立の高等教育機関に属する図書館全般を対象に論じることとする。というのも、それらにはいずれも、国家が管轄する図書館系統の職員が配置されているからである。

2　公務員制度としての図書館職制度

　フランスで、今日のような図書館職の制度が創設されたのは、1990 年代前半のことである。たしかに、フランスは、図書館や図書館職に関する長い歴史を持っている。例えば、マザラン図書館の司書ガブリエル・ノーデ（Gabriel Naudé）が、17 世紀に『図書館設立のための助言』[77]（Advis pour dresser une bibliothèque）[78]を著したことは、日本でもよく知られている。ルイ 18 世の勅令[79] により、古文書学校（École des chartes: EC）が設立されたのは、復古王政期の 1821 年のことである。そして今日でも、シャルティスト（chartiste）と呼ばれる同校の卒業生は、フランスの図書館、とりわけフランス国立図書館（BNF）や指定図書館（BC）等、歴史的に貴重な資料を多く所蔵している図書館に配置されている。

　また、先の章でも述べたように、第二次世界大戦の終了直後には、全国民への公読書の平等性を確保する目的で、全ての県に貸出中央図書館（BCP）を設置していくことが決定された。さらに、1952 年には、当時の国家公務員制度の下で、図書館職制度が規定されている[80]。

　以上のように、フランスには、図書館、そして図書館職に関する長い歴史が存在する。しかしながら、今日に直接繋がる図書館職制度は 1990 年代前半に築かれたのである。それにより、フランスの図書館職制度は激変したといわれ

77）ガブリエル・ノーデ『図書館設立のための助言』藤野寛之訳 , 金沢文圃閣 , 2006, 136p.

78）Gabriel Naudé, Advis pour dresser une bibliothèque présenté à monseigneur le président de Mesme. Paris, François Targa, 1627, 167p.

79）Ordonnance royale du 22 février 1821 前掲 55）

80）Décret n° 52-554 du 16 mai 1952 fixant le statut particulier des bibliothécaires de l'éducation nationale.

ている[81]。換言すれば、その歴史は、まだ30年にも満たないということになる。当時は、フランス全体で、大規模な公務員制度改革が進められていた。1980年代より開始された地方分権政策を受けてのことである。

そこで本章では、1990年代に創設されたフランスの図書館職制度について、背景となった地方分権制度改革も踏まえながら、その全体像を確認しておくことにする。というのも、この時創設された公務員制度、そして同制度下で整えられた図書館職制度は、日本で理解されているような地方分権政策下でのあり方とはまるで異なっているからである。

フランスでは、地方分権政策下、あえて、国と地方で互いに整合性を確保しながら、かつ全地域で統一的に適用される体制が整えられた。公務員制度の基盤となる身分規定が制定され、明確な法規定を伴う職階制も築かれた。地方分権政策が進められていく中で、だからこそ、国家と地方、そして異なる地域間での平等性を確保するための措置が講じられたのである。フランスでは、専門職としての図書館職制度が高度に確立しているといわれるが、現在、この制度は、明らかに1990年代に創設された職階制に立脚している。

なお、日本でも、かつては公務員の職階制に関する法規定が存在した。国家公務員に関しては、1947年の『国家公務員法』に規定され、その本格的実施のため、1950年に『国家公務員の職階制に関する法律』が制定された。地方公務員に関しても、1950年制定の『地方公務員法』第23条に職階制が規定された[82]。日本の図書館関係者が目指してきた専門職としての図書館職制度、少なくとも公立図書館職員に関する制度は、この時に規定された職階制の原理と極めて親和性が高いものである。しかし、それらの法規定は、いずれも、規定されただけで、実施されることはなかったのである。それどころか、国家公務員の規定は2009年に廃止され[83]、地方公務員の規定も2014年に廃止されている[84]。

---

81) Association des bibliothécaires français, Le métier de bibliothécaire 11ᵉéd. Paris, Éditions du Cercle de la librairie, 2003, 454p., p.331-332.
82) 晴山一穂「職階制の現状と展望」『行政社会論集』Vol.1, No.3-4, 1989.3, p.170-223.
83) 鵜養幸雄「職階法へのレクイエム」『立命館法學』No.330, 2010, p.407-477.
84) 総務大臣「地方公務員法及び地方独立行政法人法の一部を改正する法律の公布について（通知）」（総

2.1 地方分権政策と図書館の権限委譲

　フランスにおける地方分権政策は、1981年誕生のミッテラン政権下、モーロア首相の下で、本格的に開始された。1982年3月に、いわゆる地方分権法[85]が制定され、以後、関連する法規類が次々と制定されていったのである。2000年代より、シラク政権下、ラファラン首相の下において第二次地方分権政策（acte Ⅱ）が開始されることになるのだが、それ以降、1980年代から90年代にかけての政策は、第一次地方分権政策（acte Ⅰ）と呼ばれている。2010年代にオランド政権下エロー首相の下で実施された政策が、第三次地方分権政策（acte Ⅲ）と呼ばれていることもある。

　1982年の地方分権法による政策の内、特筆すべきは、それまで国の公施設法人（établissement public）であった地域圏（région）[86]が地方公共団体（collectivité territoriale）となったこと[87]、県（département）の執行権が官選の地方長官（préfet）

行公第42号）2014年5月14日

85) Loi n° 82-213 du 2 mars 1982 relative aux droits et libertés des communes, des départements et des régions.
　同法、あるいは、同法を含む一連の関連法律は、当時の内務大臣ドゥフェール（Gaston Defferre）に因み、ドゥフェール法（loi Defferre、又はlois Defferre）と通称されている。

86) 2015年1月の法律①に基づき、フランス本土の地域圏は翌2016年1月より計22から13に再編された。再編される以前において、地域圏の地理的な範囲は、旧体制下の管轄区分であるプロヴァンス（province）と重なっているところも少なくなかった。しかし、プロヴァンスは革命時に全廃されており、地域圏に直接繋がったわけではない。現在の地域圏は、第五共和制発足後の1964年②に、それまでの地域活動管区（circonscription d'action régionale）が地域圏（région）となり、官選の地域圏長官（préfet de région）が置かれるようになったことに由来する。1972年③に国の公施設法人（établisment public）と位置づけられた。
　① Loi n° 2015-29 du 16 janvier 2015 relative à la délimitation des régions, aux élections régionales et départementales et modifiant le calendrier électoral.
　② Décret n° 64-251 du 14 mars 1964 relatif à l'organisation des services de l'Etat dans les circonscriptions d'action régionale.
　③ Loi n° 72-619 du 5 juillet 1972 portant création et organisation des régions.

87) ただし、その旨が憲法に記載されたのは、2003年のことである①。
　① Loi constitutionnelle n° 2003-276 du 28 mars 2003 relative à l'organisation décentralisée de la République.

から県議会議長（président du conseil général）に委譲されたこと、そして、地方の政策を地方長官が事前に監督する制度が廃止されたことである。要するに、それまで国の出先機関としての役割を強く持っていた県や地域圏に、国家の権限が委譲されていくことになったのである。

この方針を受け、翌 1983 年には、いわゆる権限配分法[88]及びその補足法[89]が制定された。それらの法律では、それまで国家が管理していた地域の公立図書館も、それぞれ当該地方公共団体へと委譲されていくことなども規定された[90]。その結果、それらの図書館の職員も、基本的には、当該地方の公的職員として処遇されることとなったのである。

2.2 公務員制度と公的職員

この状況下、公務員制度に関しても大規模な改革が実施された。まず、フランスの公務員制度は、国家公務員制度（fonction publique de l'État：FPE）、地方公務員制度（fonction publique territoriale：FPT）、そして病院公務員制度（fonction publique hospitalière：FPH）の三種と定められた＜ 2.2-1 ＞。図書館職が直接に関係するのは前二種である。

フランスでは、一般の労働者が、採用や報酬を始めとする各種条件を、労働法典（code du travail）や労使間の労働協約（convention collective）等に基づいて取り決めているのに対し、公務員（fonctionnaire、または、agent public titulaire）は、それらの条件が、公務員一般身分規定（statut général）等に定められている。具

---

88) Loi n° 83-8 du 7 janvier 1983 relative à la répartition de compétences entre les communes, les départements, les régions et l Etat.
89) Loi n° 83-663 du 22 juillet 1983 complétant la loi n° 83-8 du 7 janvier 1983 relative à la répartition de compétences entre les communes, les départements, les régions et l'État.
90) 1983 年 1 月の権限配分法第 4 条に「教育と文化の領域における権限移譲は、遅くともこの法律の公布日より 3 年以内に完遂されなければならない」と規定され、同年 7 月の同法の補足法第 60 条と第 61 条には，順に「貸出中央図書館は県に移譲される」、「コミューンの図書館はコミューンによって組織され出資される」と規定された。

2.2 公務員制度と公的職員

2.2-1 公務員制度

体的には、法律（loi）の形で規定される公務員一般身分規定、それに基づいて通常行政命令（décret）の形で規定される個別身分規定（statut particulier）及びその他の規定、そして、それらを補う法令（arrêté）等の総体によって定められている。

逆にいえば、それら一連の公務員を対象とした法規類が適用される職員が、公務員なのである。以前のフランスにおいて、公務員の身分規定等は、国家の公務員制度を対象としたものしか定められていなかった[91]。しかし地方分権政策により、これら三種の公務員制度を規定する一般身分規定と、それに基づく各種法規が改めて制定されたのである。

それらの法規類に規定されているように、公務員（fonctionnaire）は、国、地方、あるいは病院が管轄する常置職（emploi permanent）に任命（nomination）され、かつ、職団（corps）ないし職群（cadre d'emploi）に設けられた級（grade）に対して、正式に任用（titulariser）されることとなっている。つまり、公務員の場合、一般の労働者と異なり、契約（contrat）ではなく任用という形が採られるということで

---

91) フランスでは、すでに共和国臨時政府時代の1945年10月に、公務員の養成や採用について定めた行政法規①が制定されている。しかし、フランスで初めて、公務員を規定する本格的な法律が制定されたのは、第四共和国が成立して間もない、1946年10月のことである②。同法は、1958年の第五共和国憲法に対応すべく1959年2月の行政法規③に代わられているのだが、それにより、規定内容等の面で大規模な変更がなされたというわけでもない。ただし、それらの法律や行政法規が対象としていたのは、いずれも国家公務員制度のみであった。
  ① Ordonnance n° 45-2283 du 9 octobre 1945 relative à la formation, au recrutement et au statut de certaines catégories de fonctionnaires et instituant une direction de la fonction publique et un conseil permanent de l'administration civile.
  ② Loi n° 46-2294 du 19 octobre 1946 relative au statut général des fonctionnaires.
  ③ Ordonnance n° 59-244 du 4 février 1959 relative au statut général des fonctionnaires.

2 公務員制度としての図書館職制度

ある。なお、職団や職群、あるいは級などに関しては次節で説明する。

一方、フランスにおける公的職員（agent public）の中には、公務員の他にも、職団ないし職群に設けられた級に正式に任用されない職員が存在する。公務員を対象とした身分規定や、それらに基づく一連の法規類に直接には規定されない職員である。とはいえ、それらの職員は、必ずしも「非正規」の立場にあるとも言い難い。従って本稿では、それらの職員を、身分規定外公的職員（agent public non titulaire）と呼ぶなどし、「非正規」という用語は用いていない。

現在、身分規定外公的職員のほとんどは、公法上の契約によって雇用されている。そのため、それらの職員は、しばしば契約公的職員（agent public contractuel）とも呼ばれている。そこで本稿でも、身分規定外公的職員の中でも、特に公法上の契約によって雇用されている職員を指す場合には、契約公的職員という用語を用いている。契約公的職員は、職団ないし職群に設けられた級に、任用ではなく、公法上の契約によって配属されているのである＜ 2.2-2 ＞。

ともあれ、契約公的職員に代表される身分規定外公的職員など、公務員以外の職員、すなわち非公務員の制度については、次章で改めて取り上げる。そして、その前に以下本章では、フランスにおける「正規の」公務員職制度、次いでこ

2.2-2　公的職員

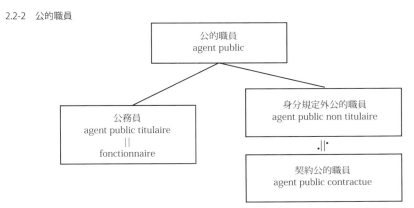

の制度の下に築かれた図書館職制度について概観しておくことにする。

2.3　公務員制度改革

　ここでは、フランスの公務員制度を概観する。フランスでは、地方分権政策下、国家、地方、病院と全三種の公務員制度の間で、互いの規定が高度に対応する体制が整えられた。この体制が整えられたからこそ、フランスでは、例えば国家公務員が地方公務員になるなど、異なる種類の公務員制度の間で職を移動しても、それまでの経歴を算入した待遇が保証される仕組みを整えることができたのである[92]。

　当然のことながら、この状況は公務員としての図書館職にも当てはまる。公務員としての図書館職制度は、この体制を基盤に構築されたものなのである。そのため、多少複雑な内容にはなるのだが、本節ではまず、地方分権政策下で創設されたフランスの公務員制度を概観する。その上で次節では、その制度の下で築かれた図書館職制度をとりあげる。

・公務員一般身分規定（statut général des fonctionnaires）

　まず 1983 年に公務員制度全体を対象とした一般身分規定（statut général）[93]が制定された。国家、地方、そして病院と、全 3 種の公務員制度に共通する規定である。同法は、公務員一般身分規定の第一編（titre I）と位置づけられている。また、当時の公務員職大臣ル・ポール（Anicet Le Pors）に因み、しばしば、ル・ポール法（loi Le Pors）とも通称されている[94]。

---

92) Art. 14 de la loi n° 83-634（公務員一般身分規定第一編、通称ル・ポール法第 14 条）
　　なお、この権利は、当初は、国家公務員と地方公務員にのみ認められていたのだが、1996 年の法律①でこの条項が修正され、国家、地方、病院と全三種の公務員に認められることとなった。
　　① Art. 51 de la loi n° 96-1093 du 16 décembre 1996 relative à l'emploi dans la fonction publique et à diverses mesures d'ordre statutaire.
93) Loi n° 83-634 du 13 juillet 1983 portant droits et obligations des fonctionnaires.

2　公務員制度としての図書館職制度

　次いで、この法律に基づいて、3種の公務員制度に関する一般身分規定が、そ
れぞれ別々に制定された。1984年1月に国家公務員制度に関する規定[95]と地
方公務員制度に関する規定[96]が制定され、1986年1月には病院公務員制度に
関する規定[97]が制定されたのである。これら三件の法律は、順に、公務員一般
身分規定の第二編（titre II）、第三編（titre III）、そして第四編（titre IV）と位置づ
けられている＜2.3-1＞。

　以上のように、1983年から1986年にかけて、第一編から第四編まで計四件
の公務員一般身分規定が次々と制定され、全三種の各公務員制度は、いずれも
公務員制度全体の一部を構成する形となった。先にも述べたように、以前のフ
ランスにおいて、公務員一般身分規定は、国家の公務員制度を対象としたもの
しか定められていなかった。換言すれば、地方や病院の公務員職は、この時は
じめて誕生することになったとも言えるのである。そして、日本とは対照的に、
フランスでは、地方分権政策の下、だからこそ、国家、地方、病院と全三種の
公務員制度の間で、互いの規定が高度に対応する体制が整えられた。

　もちろん、そのことは、図書館職に関しても当てはまる。というのも、他の
多くの公務員の職と同様に、国家の図書館職の規定は国家公務員制度を規定す
る公務員一般身分規定第二編に基づいて制定され、また、地方の図書館職の規
定は地方公務員制度を規定する公務員一般身分規定第三編に基づいて制定され
たからである。いずれも、1990年代前半のことである。現在、フランスにおけ
る国家及び地方の図書館職は、＜2.3-2＞のような体制となっている。

　次節では、主として1990年代前半に制定された図書館職の体制について、そ
の後の変遷も含めて概観する。ただしその前に、以下ではまず、その基盤とな

94）Laurent Derboulles, L'essentiel du droit de la fonction publique. Paris, Ellipses Marketing, 2013,
　　159p., p.14.
95）Loi n° 84-16 du 11 janvier 1984 portant dispositions statutaires relatives à la fonction publique
　　de l'État.
96）Loi n° 84-53 du 26 janvier 1984 portant dispositions statutaires relatives à la fonction publique
　　territoriale.
97）Loi n° 86-33 du 9 janvier 1986 portant dispositions statutaires relatives à la fonction publique
　　hospitalière.

2.3 公務員制度改革

2.3-1 公務員一般身分規定

1983 年 7 月 13 日付法律　第 83-634 号
　　　公務員一般身分規定第一編（titre Ⅰ）　公務員制度全体を規定
　　　通称ル・ポール法（loi Le Pors）
　　　（公務員省大臣として同法制定に携わった Anicet Le Pors に因む。）
　　　Loi n° 83-634 du 13 juillet 1983
　　　portant droits et obligations des fonctionnaires.

　→ 1984 年 1 月 11 付法律　第 84-16 号
　　　公務員一般身分規定第二編（titre Ⅱ）　国家公務員制度を規定
　　　Loi n° 84-16 du 11 janvier 1984
　　　portant dispositions statutaires relatives à la fonction publique de l'État.

　→ 1984 年 1 月 26 日付法律　第 84-53 号
　　　公務員一般身分規定第三編（titre Ⅲ）　地方公務員制度を規定
　　　Loi n° 84-53 du 26 janvier 1984
　　　portant dispositions statutaires relatives à la fonction publique territoriale.

　→ 1986 年 1 月 9 日付法律　第 86-33 号
　　　公務員一般身分規定第四編（titre Ⅳ）　病院公務員制度を規定
　　　Loi n° 86-33 du 9 janvier 1986
　　　portant dispositions statutaires relatives à la fonction publique hospitalière.

る制度、すなわち、1980 年代に創設された公務員職制度について、その全体像を確認しておくことする。具体的には、＜ 2.3-2 ＞中にも登場する「競争選抜」、「職階」、「職団及び職群」、「級」など、フランスの公務員職制度を理解する上で不可欠な用語をいくつかとりあげ、それぞれ確認しておくことにする。なお、「職階」、「系統」、「職団及び職群」、そして「級」は、公務員のみならず、身分規定外公的職員にも適用されている。

・競争選抜（concours）

　フランスの公務員は、法で規定された例外を除き、すべて競争選抜により採用されることとなった[98]。この競争選抜には、外部競争選抜（concours externe）と内部競争選抜（concours interne）が設けられた。外部競争選抜は、例えば学歴資格など必要とされる諸条件を満たせば、誰でもが受験可能な選抜である。一方、内部競争選抜は、公的機関にすでに一定期間以上勤務している人のみを対象に

98）Art. 16 de la loi n° 83-634（公務員一般身分規定第一編、通称ル・ポール法 第 16 条）

2.3-2　国または地方が管轄する図書館職の職階制と外部競争選抜の受験に必要な学歴資格

職階 catégorie	学歴資格② niveau de diplôme	国家公務員制度 fonction publique de l'État : FPE		地方公務員制度 fonction publique territoriale : FPT	
		職団 corps	級 grade	職群 cadre d'emploi	級 grade
A+	（斜線）	統括司書 conservateur général des bibliothèques	上級司書長 conservateur en chef		上級司書長 conservateur en chef
A+	バカロレア＋3年（学士程度）bac + 3	上級司書 conservateur des bibliothèques ③	上級司書 conservateur	上級司書 conservateur de bibliothèques ③	上級司書 conservateur
A	バカロレア＋3年（学士程度）bac + 3	司書 bibliothécaire	別種司書 bibliothécaire hors classe / 司書 bibliothécaire	司書 bibliothécaire	主幹司書 bibliothécaire principal / 司書 bibliothécaire
B+ (CII①)	バカロレア＋2年 bac + 2	専門司書補（BibAS）bibliothécaire assistant spécialisé	専門司書補 特別種 BibAS de classe exceptionnelle / 専門司書補 上級種 BibAS de classe supérieure / 専門司書補 標準種 BibAS de classe normale	文化遺産及び蔵書管理補助員 assistant de conservation du patrimoine et des bibliothèques / 管理補助員 assistant de conservation	第一種 管理補助主任 assistant de conservation principal de 1re classe / 第二種 管理補助主任 assistant de conservation principal de 2e classe / 管理補助員 assistant de conservation
B	バカロレア bac				
C	中学校修了程度	蔵書管理係 magasinier des bibliothèques	第一種 蔵書主任係補係 magasinier principal des bibliothèques de 1re classe / 第二種 蔵書主任係補係 magasinier principal des bibliothèques de 2e classe / 蔵書係補係 magasinier des bibliothèques	文化遺産補佐 adjoint du patrimoine	第一種 文化遺産主任補佐 adjoint du patrimoine principal de 1re classe / 第二種 文化遺産主任補佐 adjoint du patrimoine principal de 2e classe / 文化遺産補佐 adjoint du patrimoine
C	（競争選抜なし）				

① CII: classement indiciaire intermédiaire　中間職

②学歴資格に関して、法の条文では、厳密かつ正確を期するために複雑な表現が用いられている。しかし、この＜表＞では、混乱を避けるため、僅かに不正確とも言える形ではあるものの、それらの表現をわかり易く簡潔な表現に変更し、かつ、できる限り各級で統一した表現になるように修正して記している。

③国の職団としての上級司書を表す仏語と、地方の職群としての上級司書を表す仏語が異なっているのは、それぞれの階層間身分規定に従って表記しているためである。

2.3 公務員制度改革

した選抜である。

　注目すべきは、内部競争選抜の対象者に、身分規定外公的職員等も含まれていることである。公的職員であれば、たとえ公務員でなくとも、つまり、例えば身分規定外の職員等でも、内部競争選抜を受けることが認められている。

　加えて、2001年の通称サパン法（loi Sapin）により、公的職員以外の職員に対しても、それまでの公的機関での職歴が考慮される第三競争選抜（troisième concours）が加えられることとなった。なお、通称サパン法については、次章で再び取り上げる。

・職階（catégorie）

　そして、フランスの公的職員は、職務上の責任の度合や、外部競争選抜の受験に必要な学歴資格（diplôme）等に応じて、A、B、Cと3つの職階の内、いずれかに分類された[99]。図書館職に関しても、現在の体制が創設された1990年代当初より、国家及び地方共に、それぞれ、A、B、Cと三種類の職階が設けられている。

　職階Aは、外部競争選抜を受けるにあたり、最低でも学士（licence）、ないしは、それに相当する学歴資格[100]を必要とする。なお、後述するように、職階は、A、B、C共、それぞれ、1つないし序列化された複数の職団（corps）ないし職群（cadre d'emploi）に区分けされている。ただし、職階Aの上位には、競争選抜に

99）当初は、A、B、C、Dの4種類だったのだが、職階Dに関しては、1996年12月に地方で廃止され①、また、国家と病院でも実質上ほとんど適用されていなかった。そして、2016年には、国家、地方、病院共、公務員制度の職階はA、B、Cの3種とすることが公務員一般身分規定の第一編、すなわち、ル・ポール法に規定された②。
　① Art 57 de la loi n° 96-1093 du 16 décembre 1996 前掲92）①
　　この法律により地方公務員制度を規定する公務員一般身分規定第三編の第5条が修正された。なお、同条は、②により2016年に廃止された。
　② Art30 de la loi n° 2016-483 du 20 avril 2016 relative à la déontologie et aux droits et obligations des fonctionnaires.
100）フランスでは、教育段階を示す基準として、一般的には、バカロレア取得後に修めた教育年数が用いられてきた。例えば、バカロレア取得後5年間の教育を修めると「bac＋5」水準、バカロレアを取得したが、まだ、その後の教育を修めていない場合は「bac」水準の教育段階と見なされる。従って、ここでいう学士に相当する学歴資格とは、「bac＋3」に相当する資格ということになる。

48

合格後、研修生として、さらに高度な専門教育を受けたり、資格をとることが必要とされる職団ないし職群が設けられていることもある。その場合、それらの職団ないし職群は、しばしば、職階A＋と表記して、下位のものと区別されている。図書館職にも職階A＋の職団及び職群が設けられている。

職階Bは、外部競争選抜を受けるにあたり、最低でも大学入学資格となるバカロレア（baccalauréat）、ないしは、それに相当する学歴資格を必要とする。なお、後述するように、各職階に設けられた職団及び職群は、それぞれ1つないしは序列化された複数の級（grade）に区分けされている。職階Bの職団及び職群に属する級の内、上位のものには、外部競争選抜を受けるにあたりバカロレア相当の学歴資格に加えて、さらに2年間の専門教育で取得できる職業資格が要求される級が設けられていることもある。その場合、それらの級は、しばしば、CII（classement indiciaire intermédiaire：中間職）、ないしは職階B＋と表記して、下位のものと区別されている[101]。図書館職にも職階B＋、すなわちCIIの級が設けられている。

そして規定上、職階C最下位の級に関しては、学歴資格を要しないこととなっている。しかし、より上位の級では、職業適性証書（certificat d'aptitude professionnelle：CAP）か職業教育修了証書（brevet d'études professionnelles：BEP）、あるいは職務に応じた国家資格免状等が必要とされる場合も多い[102]。

101）Confédération française démocratique du travail, Fonctionnaires: guide de vos droits 2008, Paris, La Découverte, 2007, 318p., p.27.

102）フランスには、夥しい数の免状や資格が存在する。ただし、フランスにおいて、免状や資格は、職業資格国定委員会（Commission nationale de la certification professionnelle: CNCP）が管理する職業資格国定基準一覧（Répertoire national des certifications professionnelles: RNCP）に登録されることで、公的に認められたものとなる①。同委員会及び基準一覧は、共に2002年の社会現代化法②により創設され、同年の2つの行政命令③④により『教育法典』L335-6条及び『労働法典』L900-1条にも規定されている。

①『教育法典』R335-12条

② Loi n° 2002-73 du 17 janvier 2002 de modernisation sociale.

③ Décret n° 2002-616 du 26 avril 2002 pris en application des articles L. 335-6 du code de l'éducation et L. 900-1 du code du travail, relatif au répertoire national des certifications professionnelles.

④ Décret n° 2002-617 du 26 avril 2002 pris en application des articles L. 335-6 du code de l'éducation et L. 900-1 du code du travail, relatif à la Commission nationale de la certification professionnelle.

2.3 公務員制度改革

　なお、実際にはいずれの職階に関しても、外部競争選抜の志願者は、必要とされる以上の学歴資格を持っていることが多いという[103]。この状況は、図書館職の場合も同様となっている。

・系統（filière）

　また、地方と病院の公務員職は、職務の部類によっても、いくつかの系統に分類されている。地方の場合、主要系統（grande filière）として、行政（administrative）、技術（technique）、医療・福祉（médico-sociale）、文化（culturelle）、スポーツ（sportive）、社会振興（animation）、コミューン警察（police municipale）、消防（sapeurs-pompiers）と、計八種が定められている。なお、地方の図書館職は、文化系統（filière culturelle）の中の、文化遺産及び図書館（patrimoine et bibliothèque）系統に分類されている。

　一方、国家公務員制度においては、そうした形での系統は正式には存在しない。というのも、国家の場合は、職務の部類ではなく、管轄省によって分類されているからである。例えば図書館職の場合、文化担当省の管轄か、あるいは、教育担当省の管轄かに分類されている。しかし、日常語としてはもちろん、行政文書等においても、国家が管轄する図書館職は、しばしば図書館系統（filière-bibliothèque）と総称されている。

　要するに、図書館に勤める公的職員は、地方では文化系統の文化遺産及び図書館系統に、国家では図書館系統に属しており、その系統の中で、それぞれA、B、Cと3種の職階に分類されているのである。なお、＜2.3-3＞でも示した通り、地方公務員制度の内、文化系統の文化遺産及び図書館系統には、図書館のみならず文化遺産に関する職も含まれる。例えば博物館等で、貴重書を含む歴史遺産や考古学資料等を扱う職である。＜2.3-2＞には、それらの内、図書館職に関するものだけを示している。

---

103) Didi, Yaël. Les métiers de la fonction publique. Paris, L'Étudiant, 2005, 220p., p.16-18.

2.3-3 地方公務員制度の系統と、「文化―文化遺産及び図書館」系統の職階及び職群

職階 catégorie	職群 cadre d'emploi	
	文化遺産 patrimoine	図書館 bibliothèque
A+ (A)	上級文化遺産学芸員 conservateur du patrimoine	上級司書 conservateur de bibliothèques
A	文化遺産学芸員 attaché de conservation du patrimoine	司書 bibliothécaire
B	文化遺産及び蔵書管理補助員 assistant de conservation du patrimoine et des bibliothèques	
C	文化遺産補佐 adjoint du patrimoine	

教育
enseignement

文化遺産及び図書館
patrimoine et bibliothèque

系統 filière
行政 administrative
技術 technique
医療・福祉 médico-sociale
文化 culturelle
スポーツ sportive
社会振興 animation
コミューン警察 police municipale
消防 sapeurs-pompiers

2.3 公務員制度改革

・職団（corps）及び職群（cadre d'emploi）

さらに、各系統における職階は、A、B、C 共、それぞれ、1 つないしは序列化された複数の部類枠組みに区分けされている。採用、報酬、昇進などに関して適用される個別身分規定（statut particulier）等を決定するための枠組みである。この部類枠組は、国家と病院の公務員制度では職団（corps）と呼ばれ、また、地方公務員制度では職群（cadre d'emploi）と呼ばれている[104]。いずれにせよ、同じ職団ないしは職群に属する職員は、同じ個別身分規定によって処遇されるというわけである。そして、それぞれの職団ないし職群に適用される個別身分規定は、いずれも、通常、行政命令（décret）の形で制定される。

・級（grade）

それに加え、各職団ないし職群には、それぞれの個別身分規定に従って、1 つ、または序列化された複数の級が設けられている。そして、級の多くには、当該個別身分規定において、競争選抜の規定、及び、その際に必要な条件、例えば、学歴資格の規定が設けられている。すなわち、それらの級への任用は、競争選抜によるか、あるいは、当該職団ないし職群におけるより低い級からの昇級によってなされることとなる。

一方、競争選抜の規定が設けられていない級への任用は、基本的には、当該職団ないし職群におけるより低い級からの昇級によってのみなされることとなる。＜ 2.3-2 ＞に示した級の中にも、学歴資格の欄に斜線を記したものがいくつかあるが、それらの級が、この例に相当する。

104）地方公務員制度に関する一般身分規定、すなわち公務員一般身分規定第三編が制定された 1984 年の時点では、地方も職団と呼ばれる部類枠組を採用していた。しかし、1987 年より、職団に代えて、職群という制度を採用することとなった①。

①下記法律により地方公務員制度を規定する公務員一般身分規定第三編の第 4 条が修正された。同法は、当時の内務大臣補佐（地方公共団体担当）ガラン（Yves Galland）に因み、ガラン法（loi Galland）とも通称されている。

Art 7 de la loi n°87-529 du 13 juillet 1987 modifiant les dispositions relatives à la fonction publique territoriale.

なお、後述する号の昇進とは異なり、昇級は権利として認められているものではない。

・号（échelon）

そして、それぞれの級にも、序列化された複数の号が設けられている。号に従って報酬を決定する号俸制が採用されているのである。昇級とは異なり、昇号は、公務員の権利とされている。すなわち、原則として、まずは当該級の中で最も低い号が適用され、その号の下で一定期間勤めることで、より高い号へと昇号していくことができるのである。その期間や号俸規定（échelonnement indiciare）は、通常、行政命令（décret）に規定されている。

なお、昇号に必要な勤務期間を定めた規定や号俸規定等、号に関する諸規定は、同じ段階に位置づけられる複数の職団ないし職群ごとにまとめて規定されていることも多い。それにより、たとえ職種が異なっても、号の段階ごとの報酬に差が出ないよう調整されているのである。図書館職でも、職階BとCに関しては、国家、地方共、それらの規定が他の職種と共通の行政命令に定められている。

・・・・・

以上のようにフランスでは、1982年より開始された地方分権政策を受け、翌1983年から1986年にかけて、大規模な公務員制度改革が実施された。但し、この改革で創設された公務員制度は、日本で理解されている地方分権政策下でのあり方とは、まるで異なるものとなっている。日本とは対照的に、フランスでは、地方分権政策の下、だからこそ、国家、地方、病院と全三種の公務員制度の間で、互いの規定が高度に対応する体制が整えられた。そして注目すべきは、本節でもとりあげた「職階」、「系統」、「職団及び職群」、そして「級」は、公務員のみならず、身分規定外公的職員等にも適用されていることである。なお、身分規定外公的職員など、正規の公務員以外の職員の制度については、次章で改めて取り上げる。

2.4 地方分権政策下での図書館職制度改革

　1990 年代の始めには、図書館職制度に関しても大規模な改革が実施された。1980 年代より開始された地方分権政策、そしてこの政策の下で実施された公務員制度改革を受けてのことである。すでに 1952 年 [105] には、以前の公務員制度に基づき、国家の図書館職の職団（corps）が規定されていたのだが [106]、それに置き換わる制度が創設されたのである。

　本格的な改革に先立ち、1988 年に、国家の図書館系統の内、職階 B と C に属する一部の職団、すなわち、蔵書専門書庫担当（magasinage spécialisé des bibliothèques）と総称される 3 つの職団 [107] が創設されている。しかし、公務員制度としての図書館職制度に関する改革が本格的に実施されたのは、むしろ、1991 年、及び 1992 年のことである。

　まず 1991 年 9 月 2 日付で複数の行政命令が制定され、それにより、地方の図書館職の職群（cadre d'emploi）を定める個別身分規定が、A、B、C と各職階ごとに、それぞれ複数制定された [108]。次いで、4 ヶ月後の 1992 年 1 月 9 日付で複数の行政命令が制定され、それにより、国家の図書館職の職団を定める個別身分規定が、職階 A に 2 つ、また職階 B に 1 つ制定された [109]。それら国家

105）Décret n° 52-554 du 16 mai 1952 前掲 80)

106）2 つの職団（corps）、すなわち、図書館総監（inspection générale des bibliothèques）と司書（bibliothécaire）の 2 つが規定されていた。前者の級は、総監（inspecteur générale）の一種類のみであった。一方、後者の級は、司書（bibliothécaire）、上級司書（connserateur）、上級司書長（conservateur en chef）、特別上級司書長（conservateur en chef de classe exceptionnelle）の四種類であった。

107）書庫視察官（inspecteur de magasinage）、書庫係長（magasinier en chef）、専門書庫係（magasinier spécialisé）

108）当然のことながら、それらの個別身分規定は、地方公務員制度を規定する一般身分規定、すなわち、公務員一般身分規定第三編に基づいて制定された。なお、先にも述べたように、図書館職は、地方の文化系統の下位区分である文化遺産及び図書館系統に属している。そして、地方の文化系統の職に関しては、図書館職以外にも、同日付で、いくつもの個別身分規定が制定されている。換言すれば、それらの職に関しても、同日付でいくつもの職群が創設されたということである。

109）当然のことながら、それらの個別身分規定も、国家公務員制度を規定する一般身分規定、すなわち、公務員一般身分規定第二編に基づいて制定された。

の図書館職の規定は、先に制定されていた地方の図書館職の規定と整合する形となっていた。また、それに合わせ、1988年に制定されていた蔵書専門書庫担当と総称される3つの職団の規定も1992年1月9日付の行政命令で修正された。

　要するに、地方の図書館職に関しては、1991年9月2日付の行政命令で、A、B、Cと各職階ごとに、それぞれ複数の職群が創設され、一方、それに合わせる形で、国家の図書館職に関しては、1992年1月9日付の行政命令で、A、B、Cと各職階ごとに、それぞれ複数の職団が、創設ないし修正する形で整えられたということである＜2.4-1＞。それにより、現在に繋がる公務員としての図書館職制度が整備されたのである。

　これらの職団ないし職群の中には、その後、別の職団ないし職群と統合されたり、名称変更されたり、あるいは、廃止されたものもある。のみならず、現行の職団及び職群の中には、その後、新たに創設されたものもある。具体的には、

2.4-1　公務員一般身分規定と、公務員制度としての図書館職制度の規定

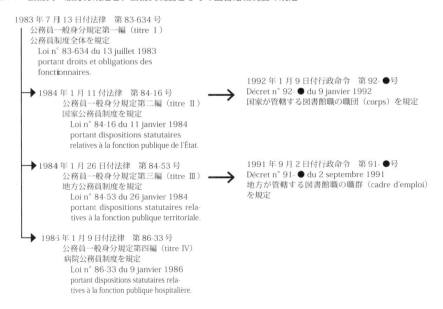

2.4　地方分権政策下での図書館職制度改革

＜ 2.4-2 ＞及び＜ 2.4-3 ＞に示したような変遷を辿っている。＜ 2.4-2 ＞及び＜ 2.4-3 ＞は、順に、国家の図書館職の職団、そして、地方の図書館職の職群について、創設時から現在に至るまでの変遷を、当該個別身分規定と共に一覧にしたものである。

　それでも、1991 年ないし 1992 年に整備されてから現在にいたるまで、職階体制の基本的な構造自体に変化はない。すなわち、国家及び地方共、外部競争選抜の受験に必要な学歴資格等に応じて、A、B、C と 3 つの職階に分類され、それら 3 種の職階それぞれに一つまたは複数の職団ないし職群が設けられ、各職団ないし職群に、それぞれ 1 つまたは複数の級が設けられ、さらに、各級にそれぞれ複数の号が設けられるといった構造である。

　今日、国家及び地方の図書館職の職団ないし職群と級は、具体的には、前節の＜ 2.3-2 ＞で示したような体制となっている。＜ 2.4-4 ＞は、それらに加えて、各職団ないし職群に適用されている個別身分規定、各級に設けられている号の数、そして、号数や昇号に要する勤続年数の準拠規定を示している。

　注目すべきは、国家と地方では、それぞれ準拠すべき規定が異なっているにもかかわらず、両者が整合的に連動する体制となっていることである。例えば、同じ段階の職団および職群にはそれぞれ同数の級が設けられ、また、同じ段階の級にはそれぞれ同数の号が設けられている。

　それだけではない。＜ 2.4-5 ＞は、国家の図書館職と地方の図書館職に関して、号俸の準拠規定と、それらの規定に示された各号の俸給総額指数（indice brut: IB）の具体的な値を一覧にしたものである。＜ 2.4-5 ＞にも示したように、職階 B と C、そして A の大部分に関して、国家と地方では、準拠すべき号俸規定が異なっているにもかかわらず、俸給総額指数の値は、同じ段階の号ごとに完全に一致しているのである。

　全ての公務員の給与額は、俸給総額指数に基づいて決定される[110]。というこ

---

110) 公務員の給与額の決定は、具体的には次のような仕組みによる。
　まず、号俸規定により、号ごとに適用される俸給総額指数（indice brut: IB）が定められる。この俸給総額指数（IB）は、全公務員に共通に適用される換算表①により、俸給加算指数（indice majoré: IM）に変換される。次に、俸給加算指数（IM）当たりの年指標額が定められる。この指標額は行政

2.4-2　国家の図書館職の職団（corps）と個別身分規定（statut particulier）

職階 catégorie	1988年	1992年	→	2019年現在
A+		総括司書 conservateur général des bibliothèques Décret n° 92-26 du 9 janvier 1992 （創設）	→	同左
A		上級司書 conservateur des bibliothèques Décret n° 92-26 du 9 janvier 1992 （創設）	→	同左
A		司書 bibliothécaire Décret n° 92-29 du 9 janvier 1992 （創設）	→	同左
B		専門司書補佐 (BAS) bibliothécaire adjoint spécialisé Décret n° 92-30 du 9 janvier 1992 （創設）	専門司書補 (BibAS) bibliothécaire assistant spécialisé Décret n° 2011-1140 du 21 septembre 2011 （創設）	同左
B			専門司書補 Décret n° 2011-1140 du 21 septembre 2011　2011年10月1日付で廃止 (art.34)　専門司書補 (BibAS) に統合 (art.21)	
B			司書補 assistant des bibliothèques Décret n° 2001-326 du 13 avril 2001 （創設）　Décret n° 2011-1140 du 21 septembre 2011　2011年10月1日付で廃止 (art.34)　専門司書補 (BibAS) に統合 (art.21)	
B			司書補佐 bibliothécaire adjoint Décret n° 95-120 du 2 février 1995 （創設）　Décret n° 2001-326 du 13 avril 2001　2001年4月15日付で廃止 (art.20)　司書補に統合 (art.13)	
C	蔵書専門職係担当 magasinage spécial-isé des bibliothèques Décret n° 88-646 du 6 mai 1988 * （創設） 書庫視察官 inspecteur de magasinage 書庫係長 magasinier en chef 専門書庫係 magasinier spécialisé	Décret n° 92-31 du 9 janvier 1992　職階 AB の職団創設に合わせて個別身分規定を修正	Décret n° 2001-326 du 13 avril 2001　2001年4月15日付で廃止 (art.18)　司書補に統合 (art.13)　Décret n° 2007-655 du 30 avril 2007　2007年5月3日付で廃止 (art.34)　蔵書群職係に統合 (art.13)	同左
C			蔵書群職係 magasinier des bibliothèques Décret n° 88-646 du 6 mai 1988 * （2007年創設）	同左

* 2007年5月3日付で法名変更 （Art.33 du décret n° 2007-655 du 30 avril 2007）
Décret n° 88-646 du 6 mai 1988 portant statut particulier du personnel de magasinage spécialisé des bibliothèques
→ Décret n° 88-646 du 6 mai 1988 relatif aux dispositions statutaires applicables au corps des magasiniers des bibliothèques

2.4 地方分権政策下での図書館職制度改革

2.4-3 地方の図書館職の職群（cadre d'emploi）と個別身分規定（statut particulier）

職階 catégorie		1991年		2019年現在
A	A＋	上級司書 conservateur de bibliothèques Décret n° 91-841 du 2 septembre 1991（創設）	→	同左
	A	司書 bibliothécaire Décret n° 91-845 du 2 septembre 1991（創設）	→	同左
B		文化遺産及び蔵書管理有資格補助員 assistant qualifié de conservation du patrimoine et des bibliothèques Décret n° 91-847 du 2 septembre 1991（創設）	→	Décret n° 2011-1642 du 23 novembre 2011 2011年12月1日付で廃止。(art. 35) 文化遺産及び蔵書管理補助員に統合 (art.19)
		文化遺産及び蔵書管理補助員 assistant de conservation du patrimoine et des bibliothèques Décret n° 91-849 du 2 septembre 1991（創設）	→	同左
		文化遺産保全巡視集視視察官 inspecteur de surveillance et de magasinage du patrimoine Décret n° 91-851 du 2 septembre 1991（創設）		Décret n° 95-33 du 10 janvier 1995 1995年8月1日付で廃止。(art. 41) 文化遺産及び蔵書管理補助員に統合 (art. 27)
C		文化遺産有資格係員 agent qualifié du patrimoine Décret n° 91-853 du 2 septembre 1991（創設）		Décret n° 2006-1692 du 22 décembre 2006 2007年1月1日付で廃止。(art. 26) 文化遺産補佐に統合 (art.15)
		文化遺産係員 agent du patrimoine Décret n° 91-854 du 2 septembre 1991（創設） 文化遺産補佐 adjoint du patrimoine Décret n° 2006-1692 du 22 décembre 2006（創設）		Décret n° 2006-1692 du 22 décembre 2006 2007年1月1日付で廃止。(art. 26) 文化遺産補佐に統合 (art.14) 同左

2 公務員制度としての図書館職制度

2.4.4 国家と地方の図書館職の職団及び職群、級、号

職階 categorie	国家公務員制度 fonction publique de l'État : FPE					地方公務員制度 fonction publique territoriale : FPT				
	職団 corps / 個別身分規定 statut particulier	級 grade	号数	号数準拠	号数の準拠規定	職団 cadre d'emploi / 個別身分規定 statut particulier	級 grade	号数	号数準拠	号数の準拠規定
A+	統括司書 conservateur général des bibliothèques / Décret n° 92-26 du 9 janvier 1992	統括司書 conservateur général des bibliothèques	4	Art.24 / Art.26	du décret n° 92-26 du 9 janvier 1992	統括司書 conservateur de bibliothèques ② / Décret n° 91-841 du 2 septembre 1991	上級司書長 conservateur en chef	6	Art.18 / Art.19	du décret n° 91-841 du 2 septembre 1991
A	上級司書 conservateur des bibliothèques ② / Décret n° 92-29 du 9 janvier 1992	上級司書長 conservateur en chef	6	Art.2 / Art.18	du décret n° 92-26 du 9 janvier 1992	上級司書 conservateur de bibliothèques ② / Décret n° 91-841 du 2 septembre 1991	上級司書長 conservateur en chef	6	Art.18 / Art.19	du décret n° 91-841 du 2 septembre 1991
A		上級司書 conservateur	7	Art.2 / Art.18			上級司書 conservateur	7	Art.18 / Art.19	
A	司書 bibliothécaire / Décret n° 92-29 du 9 janvier 1992	別種司書 bibliothécaire hors class	9	Art.3 / Art.15	du décret n° 92-29 du 9 janvier 1992	司書 bibliothécaire / Décret n° 91-845 du 2 septembre 1991	主種司書 bibliothécaire principal	9	Art.17 / Art.17	du décret n° 91-845 du 2 septembre 1991
A		司書 bibliothécaire	11	Art.15			司書 bibliothécaire	11	Art.18	
B+ (CII ①)	専門司書補 (BibAS) bibliothécaire assistant spécialisé / Décret n° 2011-1140 du 2 septembre 2011	専門司書補特別級 BibAS de classe exceptionnelle	11	Art.2 / Art.24	du décret n° 2009-1388 du 11 novembre 2009 （他の職団Bと共通の規定）	文化遺産蔵書管理補助員 assistant de conservation du patrimoine et des bibliothèques / Décret n° 2011-1642 du 23 novembre 2011	第一種 管理補助主任 assistant de conservation principal de 1re classe	11	Art.2 / Art.24	du décret n° 2010-329 du 22 mars 2010 （他の職団Bと共通の規定）
B+ (CII ①)		専門司書補上級 BibAS de classe supérieure	13	Art.2 / Art.24			第二種 管理補助主任 assistant de conservation principal de 2e classe	13	Art.2 / Art.24	
B	専門司書補 BibAS de classe normale	専門司書補 BibAS de classe normale	13	Art.2 / Art.24		文化遺産蔵書管理補助員 assistant de conservation du patrimoine et des bibliothèques	管理補助員 assistant de conservation	13	Art.2 / Art.24	
C	蔵書管理係 magasinier des bibliothèques / Décret n° 88-646 du mai 1998	第一種 蔵書主任管理係 magasinier principal des bibliothèques de 1re classe (C3)	10	Art.2 / Art.3	du décret n° 2016-580 du 11 mai 2016 （他の職団Cと共通の規定）	文化遺産補 adjoint du patrimoine / Décret n° 2006-1692 du 22 décembre 2006	第一種 文化遺産主任補 adjoint du patrimoine principal de 1re classe (C3)	10	Art.2 / Art.3	du décret n° 2016-596 du 12 mai 2016 （他の職団Cと共通の規定）
C		第二種 蔵書主任管理係 magasinier principal des bibliothèques de 2e classe (C2)	12	Art.2 / Art.3			第二種 文化遺産主任補 adjoint du patrimoine principal de 2e classe (C2)	12	Art.2 / Art.3	
C		蔵書管理係 magasinier des bibliothèques (C1)	11 / 12	Art.2 / Art.3			文化遺産補佐 adjoint du patrimoine (C1)	11 / 12	Art.2 / Art.3	

（2021年1月1日から）

① CII: classement indiciaire intermédiaire　中間職

② 国の職群としての上級司書を表す仏語と、地方の職群としての上級司書を表す仏語が異なっているのは、それぞれの個別身分規定に従って表記しているためである。

2.4 地方分権政策下での図書館職制度改革

2.4-5 国家と地方の図書館職の号俸規定 （俸給総額指数 indice brut: IB）

号階 echelon	A+ 統括司書 conservateur général des bibliothèques	A+ 上級司書長 conservateur en chef 国家	地方	A+ 上級司書 conservateur 国家	地方	A 別稿司書 bibliothécaire hors class（国家）/ 主幹司書 bibliothécaire principal（地方） 国家	地方	A 司書 bibliothécaire 国家	地方	B+(CII④) 専門司書補特別稿 BibAS de classe exceptionnelle / 第一種 管理補助主任 assistant de conservation principal de 1re classe	B② 専門司書補上級稿 BibAS de classe supérieure / 第二種 管理補助主任 assistant de conservation principal de 2e classe	B 専門司書補標準稿 BibAS de classe normale / 管理補助員 assistant de conservation	C③ 第一種 蔵書主任書庫係 magasinier principal des bibliothèques de 1re classe / 第一種 文化遺産主任補佐 adjoint du patrimoine principal de 1re classe	C③ 第二種 蔵書主任書庫係 magasinier principal des bibliothèques de 2e classe / 第二種 文化遺産主任補佐 adjoint du patrimoine principal de 2e classe	C③ 蔵書整備係 magasinier des bibliothèques / 文化遺産補佐 adjoint du patrimoine
1	912	728	713	517	510	585		441		446	389	372	380	351	348
2	1027	808	792	558	551	633		463	462	461	399	379	393	354	350
3	HEB⑤	901	883	612	605	679		490		484	415	388	412	358	351
4	HEC⑤	994	977	665	659	732		524		513	429	397	430	362	353
5		1027	1027	720	713	784	783	563		547	444	415	448	374	354
6		HEA⑤		795	787	837	836	607		573	458	431	460	381	356
7				869	862	886	885	642		604	480	452	478	403	361
8						935		679		638	506	478	499	430	366
9						985		718		660	528	500	525	444	372
10								778		684	542	513	548	459	386
11								816		707	567	538		471	407
12											599	563		483	⑥
13											638	597			

準拠規定

	A①	A	B②	C③
国家	Art.1	Art.4	Art.8.1 (troisième grade) ／ Art.8.1 (deuxième grade) ／ Art.8.1 (première grade)	Art.9.1° (echelon(3)) ／ Art.9.2° (echelon(2)) ／ Art.9.3° (echelon(1))
地方	Art.2 ／ Art.1	Art.1	Art.1 (troisième grade) ／ Art.1 (deuxième grade) ／ Art.1 (première grade)	Art.1 (echelon(3)) ／ Art.1 (echelon(2)) ／ Art.1 (echelon(1))

- A① 国家：du décret n° 91-842 du 2 septembre 1991
- A① 地方：du décret n° 2010-967 du 26 août 2010
- A 国家：du décret n° 91-842 du 2 septembre 1991
- A 地方：du décret n° 2010-967 du 26 août 2010
- B②：du décret n° 2010-330 du 22 mars 2010 ／ du décret n° 2008-836 du 22 août 2008
- C③：du décret n° 2016-604 du 12 mai 2016

①国家 A +統括司書は、2018 年 1 月 1 日より下の値。2018 年 1 月 1 日から 12 月末日迄の値。
　地方 A +は、2018 年 1 月 1 日より下の値。
　国家 A と地方 A +は、どちらも 2018 年 1 月 1 日よりの値。
②国家 B と地方 B は、どちらも 2018 年 1 月 1 日から 12 月末日迄の値。
③国家 C と地方 C は、どちらも 2018 年 1 月 1 日から 12 月末日迄の値。
④CII: classement indiciaire intermédiaire 中間職
⑤特例号 (hors échelle: HE)。ごく一部の上位の級に適用される。
⑥国家、地方共、職階 (categorie) C 段下位の級 (echelon C1) の号数は、2021 年 1 月 1 日より 11 から 12 に変更される

2　公務員制度としての図書館職制度

とは、国家が管轄する図書館職の給与額と、地方が管轄する図書館職の給与額とは、同じ段階の号ごとに、ほぼ一致しているということになる。そのことを具体的に例示すべく、＜2.4-6＞は、国家及び地方が管轄する図書館職の職階C最下位の級に関して、昇号に要する勤務期間や俸給総額指数及び加算指数、そして、それらの指数から計算した税込月給の値を一覧にしたものである。

　なお、先述したように、号に関する諸規定は、同じ段階に位置づけられる複数の職団ないし職群ごとに、職種を超えてまとめて規定されていることも多い。たとえ職務内容が異なっても、同じ段階の号の間で報酬に差が出ないようにするためである。図書館職でも、国家および地方共に、職階BとCに関しては、それらの規定が他の職種と共通の行政命令に定められている。ということは、図書館職の職階BとCの給与額は、国家と地方の間だけではなく、図書館職以外の職団ないし職群とも、同じ段階ごとに同水準となるよう設定されているということになる。

命令に規定され②、一部の特例号（hors échelle: HE）③を除いた全公務員に対して共通に適用される。例えば、2017年2月1日より、俸給加算指数（IM）100当たりの年指標額は5623.23ユーロと定められた④。ということは、俸給加算指数（IM）1当たりの月指標額は4.686ユーロという計算になる⑤。すなわち、公務員の税込み給与月額（salaire brut mensuel）は、号ごとに適用される俸給総額指数（IB）を全公務員共通の換算表により俸給加算指数（IM）に変換し、その俸給加算指数（IM）に、俸給加算指数（IM）1当たりの月指標額（先の例なら4.686ユーロ）を乗じた額と定められているのである。
①以下の行政命令の付表（annex）に示されている。
　Décret n° 82-1105 du 23 décembre 1982 relatif aux indices de la fonction publique.
② Article 3 du décret n°85-1148 du 24 octobre 1985 modifié relatif à la rémunération des personnels civils et militaires de l'Etat, des personnels des collectivités territoriales et des personnels des établissements publics d'hospitalisation.
③特例号（hors échelle: HE）は、ごく一部の上位の号に適用されている。HEA、HEB、HEB bis、HEC、HED、HEE、HEF、HEGの八種がある。図書館職でも職階A＋に属する級の上位の号に、特例号が適用されている。特例号については、その他の通常の号とは異なり、税込俸給年額（traitements et soldes annuels brut）が、②で挙げた行政命令（Décret n° 85-1148）の第6条に直接示されている。
④以下の行政命令により、②が修正された。
　Décret n° 2016-670 du 25 mai 2016 portant majoration de la rémunération des personnels civils et militaires de l'Etat, des personnels des collectivités territoriales et des établissements publics d'hospitalisation.
⑤5623.23€ ÷ 100 ÷ 12ヶ月＝4.686025€

2.4 地方分権政策下での図書館職制度改革

2.4-6 国家「職階：Ｃ／職団：蔵書書庫係／級：蔵書書庫係」と、
　　　 地方「職階：Ｃ／職群：文化遺産補佐／級：文化遺産補佐」の
　　　 号、昇号に要する勤務期間、俸給指数、税込月給

（2018 年 1 月 1 日から 12 月末日）

号 échelon		昇号に要する勤務期間	国家及び地方		
			俸給総額指数 indice brut （IB）	俸給加算指数 indice majoré （IM）	税込月給 （€） 賞与及び諸手当を除く＊
1		1 年	348	326	1,527.64 €
2		2 年	350	327	1,532.33 €
3		2 年	351	328	1,537.02 €
4		2 年	353	329	1,523.27 €
5		2 年	354	330	1,546.39 €
6		2 年	356	332	1,555.76 €
7		2 年	361	335	1,569.82 €
8		2 年	366	339	1,588.56 €
9		3 年	372	343	1,607.31 €
10		3 年	386	354	1,658.85 €
11		／	407	367	1,719.77 €
準拠規定	国家	Art. 3 du décret n° 2016-580 du 11 mai 2016.	Art. 9-3° du décret n° 2008-836 du 22 août 2008	Annexe du décret n° 82-1105 du 23 décembre 1982	Art. 3 du décret n° 85-1148 du 24 octobre 1985
	地方	Art. 3 du décret n° 2016-596 du 12 mai 2016.	Art. 1 du décret n° 2016-604 du 12 mai 2016.		

＊ IM100 当り年指標額 5623.23€（2017 年 2 月より）→ IM × 4.686025€ として計算
　∵ 5623.23€ ÷ 100 ÷ 12 ヶ月＝ 4.686025€
　Décret n° 2016-670 du 25 mai 2016 portant majoration de la rémunération des personnels civils et militaires de
　l'Etat, des personnels des collectivités territoriales et des établissements publics d'hospitalisation.

3 公的な職務や活動を担う非公務員

　公務員一般身分規定第一編、すなわち通称ル・ポール法の第3条には、国家及び地方の常置職（emploi permanent）[111] は、公務員（fonctionnaire）により担われるという原則が規定されている。ただし、同条には、「法で規定された例外を除き」という但し書きがついている。要するに、例外も認められているということなのである。そして、この事態は図書館の職でも変わらない。フランスの国や地方の図書館にも、非公務員、すなわち公務員ではない職員が配置されているのである。

　この点にのみ着目すれば、フランスの図書館職をめぐる状況は、日本と同様であるようにも思われよう。しかし、日本とフランスの間には、いくつもの大きな違いが存在する。例えば、その定義にもよるだろうが、フランスの場合、非公務員が「非正規」の立場にあるとも言い難い。また、国や地方の図書館における非公務員の割合が、他の部署に比べて特に多いというわけでもない。そして、図書館に限らず、公的職務に携わる非公務員が、ワーキングプアであるというわけでも決してない。

　一方、日本の場合、非公務員は、文字通り「非正規」の立場に置かれている。それにもかかわらず、非正規の図書館職員が、「図書館という公共サービスの基

---

111)「emploi permanent」は、「終身雇用」と訳されていることもある。しかし、この訳語は、少なくともこの場合は、明らかに適さない。いうまでもなく、終身雇用とは、雇用されてから定年まで雇用関係が継続する雇用形態のことを指している。一方、ここでいう「emploi permanent」とは、少なくとも当該時点で常置されている職、換言すれば一時的に設けられたのではない職を指している。雇用ではなく、職が継続するのである。そのため、例えば、「emploi permanent」に3年契約で雇用されるといった事態も想定される。

幹的担い手となっていった」[112] 事例も報告されている。そして、「図書館の非正
規割合は、他の産業と比較しても突出している」[113] のである。上林陽治は、日
本の官製ワーキングプアについての著書において、公立図書館の非正規職員を、
その一代表例として取り上げている。それによれば、「すべての図書館業務従事
者の何と三分の二は、非正規公務員ないしは非正規労働者」[114] であるという。
のみならず、同書が拠り所とした統計には、「委託派遣職員数を報告していない
自治体も散見され、実際はもっと多いものと思われる」[115] ということである。

　その他にも、フランスの図書館における非公務員と日本の図書館における非
正規職員との違いに関して、本稿がとりわけ注目しているのは、法制度の整備
状況についてである。上林は、日本の「非正規公務員に関する法制度」が、「複
雑怪奇」であると述べている[116]。その状況に関して、具体的には、次のように
述べているのである。

　　非正規公務員をめぐる法制度は複雑である。それは現行の公務員関連法
　　が常勤の正規職員を念頭に設計され、臨時職員や非常勤職員という非正規
　　公務員に関する法制度の設計はいわば放置され、その任用のあり方や処遇
　　のあり方が問題になると、関連法の関係する条文を、つまみ食いのように
　　引っ張り出し、都合よく解釈してきたからである。したがって、解釈を寄
　　せ集めて見てみると、相互に矛盾しているなど、これが「複雑」という思
　　いを持たせる原因となっている。……法適用関係は迷路のように、あるい
　　は複雑に絡み合った糸のようになっている[117]。

　フランスでも、非公務員「をめぐる法制度は複雑」という状況に変わりはない。
ただし、「複雑」ではあるものの「怪奇」であるわけではない。というのも、その「原
因」は、日本のように「法制度の設計」を「放置」してきたからでもなければ、「関

112）上林陽治『非正規公務員』日本評論社 , 2012, 299p., p.240.
113）前掲 112)p.45.
114）前掲 112) p.37.
115）前掲 112)p.43.
116）前掲 112)p.6.
117）前掲 112) p.6.

連法の関係する条文を、つまみ食いのように引っ張り出し、都合よく解釈してきたから」でもないからである。日本とは対照的に、フランスでは、非公務員「に関する法制度の設計」を、むしろ積極的に進めてきた。従って、その複雑さは、地図なき「迷路」や「複雑に絡み合った糸のよう」なものではない。そうではなく、むしろ「相互に矛盾」しないよう、高度に整合性と一貫性を持たせようとした結果に他ならない。要するに、緻密でありこそすれ、決して無秩序ではないのである。

　本章の目的は、フランスにおける非公務員に関して、その全体像を、図書館の職員に焦点を当てながら概観することである。フランスにおいて、公的職務に携わる非公務員とは、具体的にはどのような立場の人たちのなのだろうか。そもそも、フランスには、どのくらいの公務員が存在し、また、どのくらいの非公務員が存在しているのだろうか。どのような場合に、非公務員を雇用することが認められているのだろうか。法制度はどのようになっているのだろうか。本章では、それらの問題に関して、いずれも、国や地方の図書館に焦点を当てながら、一つ一つ確認していくことにする。

3.1　非公務員の種類

　公的職務に携わる公務員以外の職員、すなわち非公務員とは、具体的にはどのような立場の人たちのなのだろうか。ここでは、非公務員の種類について、整理しておくことにしよう＜ 3.1 ＞。

　非公務員にも、公法（droit public）上の職員と私法（droit privé）上の職員とが存在しているのだが、前者は公的職員（agent public）と呼ばれている。従って、後者は非公的職員ということになる。以下、非公務員に含まれる二種の職員、すなわち公的職員と非公的職員について、順に整理しておくことにする。

　まずは、公的職員、つまり、公法上の職員についてである。はじめに確認しておくと、公的職員には、公務員（agent public titulaire、または、fonctionnaire）も

3.1 非公務員の種類

3.1 公的職務に携わる要員

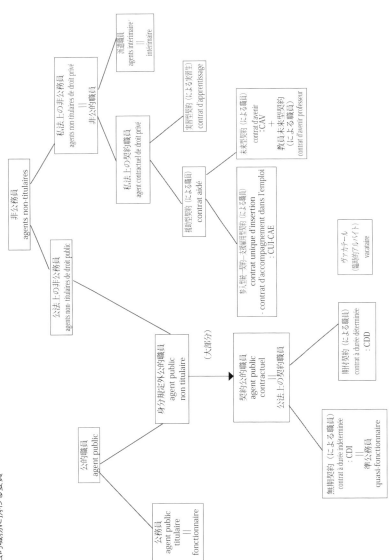

含まれる。一方、公務員ではない公的職員、つまり、非公務員としての公的職員は、当然のことながら、公務員を対象とした身分規定や、それらに基づく一連の法規類に規定されない。とはいえ、それらの職員は、必ずしも「非正規」の立場にあるとも言い難い。従って、前章でも述べたように、本稿では、それらの職員を、身分規定外公的職員（agent public non titulaire）と呼んでいる。要するに、公的職員には公務員と身分規定外公的職員とが存在するということである。

　同じく前章でも述べたように、現在、身分規定外公的職員の大部分は、公法（droit public）上の契約（contrat）により雇用されている。そして、それらの職員は、しばしば契約公的職員（agent public contractuel）とも呼ばれている。なお、契約公的職員にも、無期契約（CDI: contrat à durée indéterminée）の職員と期付契約（CDD: contrat à durée déterminée）の職員とが存在する。そして、前者は、実質上、公務員とほぼ同等の権利を有してることから、準公務員（quasi-fonctionnaire）の状態にあるとも言われている。

　次に、非公務員を構成するもう一種の職員である非公的職員、すなわち私法上の職員を取り上げる。これらの職員は、原則として、私法上の契約で雇用される職員、つまり私法上の契約職員という位置づけとなる。現在、その多くは、援助型契約（contrat aidé）による職員か、あるいは、実習型契約（contrat d'apprentissage）による実習生となっている。

　また、正式な用語ではないものの、ヴァカテール（vacataire）と呼ばれる、いわゆるアルバイト職員も存在する。図書館、中でも大学図書館には、ヴァカテールと呼ばれている職員が多く存在する。ただしそのほとんどは学生アルバイトである。加えて、現在のフランスでは、公的な職務や活動に臨時的に携わる要員として、派遣職員（intérimaire、または、agents intérimaire）を使用することも認められている。派遣職員は、派遣会社（agence d'intérim）を雇用者とする職員である。

　以上のように、公的職務に携わる公務員以外の職員、すなわち非公務員には、様々な立場の人が存在する。しかしながら、本稿では、それらの内、主として契約公的職員に代表される身分規定外公的職員に焦点を当てている。というの

も、フランスの公的機関、少なくとも図書館において、契約公的職員以外の非公務員は、あくまでも臨時的な存在となっているからである。先にも述べたように、日本の場合、今や、非正規の図書館職員が、図書館という公共サービスの基幹的な担い手になりつつある。一方、フランスにおいて、少なくとも契約公的職員以外の非公務員は、あくまでも、一時的ないしは臨時的な存在であり、例えば日本の図書館のように、その存在を前提に制度が成り立っているのではないからである。

3.2　公的職員の人数及び内訳

フランスには、どのくらいの公務員が存在し、また、どのくらいの非公務員が存在しているのだろうか。ここでは、フランスにおける公的職員の状況を、人数という側面から概観しておくことにしよう。すなわち、公務員と、公法上の非公務員である身分規定外公的職員の状況に関して、人数やその内訳などの側面から概観するのが、本節の目的である。

・フランスの公的職員数

予算公会計担当省（Ministère de l'Action et des Comptes publics）による 2017 年の報告によれば、2015 年末日現在、フランスでは、公的職務を担う要員として約 5,451,000 人が雇用されている。それに加えて、援助型契約（contrat aidé）による職員が約 198,000 人存在する[118]。後の節で改めて取り上げるが、援助型契約とは、主として失業者の就職支援を目的とする私法上の契約である。

2016 年 3 月 17 日付『フィガロ（Le Figaro）』[119] が報じているように、2014 年末日現在におけるフランスの公的職員数は、欧州連合に属する国の中で最も

---

118) Direction générale de l'administration et de la fonction publique, Ministère de l'Action et des Comptes publics, Fonction publique chiffres-clés 2017, (p.4.)
119) 1826 年創刊の、フランスで最も古い歴史を持つ日刊紙。

3 公的な職務や活動を担う非公務員

多くなっている[120]。しかしながら、人口当たりで比較すると、フランスが特に多いというわけでもない。同記事によれば、2011 年の時点で、フランスの公的職員数は人口千人あたり 80 人で、ベルギーやキプロスと並んで当時における欧州連合計 28 カ国中、第 7 位ということである。第 1 位から第 3 位までは北欧の国が占めており、順に、デンマークの 145.4 人、フィンランドの 129.4 人、そしてスウェーデンの 123.6 人である。中央値はオランダで 61 人となっている[121]。

　なお、フランスでは、国家の公的職務を担う職員に軍の職員が含まれる。従って、それを除くと、フランスの公的職務を担う要員は、2015 年末日現在、5,150,292 人となる。そこには、契約公的職員なども含まれるので、その内、公務員（fonctionnaire、または、agent public titulaire）は、3,851,131 人である。一方、2016 年 1 月 1 日現在のフランスの人口は約 66,600,000 人[122]なので、フランスの軍の職員を除く公的職員は人口千人あたりに換算すると約 77.3 人、公務員のみだと、57.8 人という計算になる。

　一方、『日本の統計 2018』[123]には、2015 年における日本の公務員数は、国家と地方を会わせて 3,018,107 人と記録されている。同書によれば、同年の日本の人口は 127,095,000 人ということなので、人口千人当たりに換算すると23.7 人である。ということは、日本の公務員は、フランスの公務員に比べて、軍の職員を除いたとしても絶対数として約 83 万人少なく、人口当たりではフランスの約 41% しか存在しないということになる。のみならず、フランスには、

120）同記事では、公務員省による以下の報告書の数値が示されている。そして、その人数は、本文中に記した約 5,451,000 人より約 19 万人多い 5,640,600 人となっている。ただし、以下の報告書でも確認したが、その差は、調査年の違いに起因するというよりも、同記事に示されている人数が、援助型契約（contrat aidé）による職員を含めた人数となっているためであると判断できる。
　Thierry Le Goff（Ministère de la décentralisation et de la fonction publique）, L'emploi dans la fonction publique au 31 décembre 2014（premiers résultats）. Paris, Direction générale de l'administration et de la fonction publique, 2015, 4p.
121）Géraldine Russell, "La France, le pays d'Europe qui compte le plus de fonctionnaires," Le Figaro, 2016.03.17
122）Insee, Bilan démographique 2015 <https://www.insee.fr/fr/statistiques/1908103>
123）総務省統計局『日本の統計 2018』総務省統計局 , 2018, 275p.

3.2 公的職員の人数及び内訳

それに加えて、準公務員の状態にあるとみなされている契約公的職員が存在することについては、先にも述べた通りである。

　ともあれ、2015 年末日現在、フランスでは、公的職務を担う要員として 5,450,619 人が雇用されている。国家が 2,398,031 人、軍の職員を除くと 2,097,704 人、地方が 1,889,310 人、そして、病院が 1,163,278 人である[124]。フランスでは、労働人口の 19.9 ％、援助型契約等の職員も含めれば 20.7 ％が 公的職務に携わっているのである[125]。ただし、それらの職員のうち、全体で 20.6 ％が軽減時間（temps partiel）[126] での勤務を選択しており、その結果、フランスで公的職務を担う要員は、総時間当量（équivalent temps plein: ETP）では、 5,073,748 人となっている[127]。

---

124) Direction générale de l'administration et de la fonction publique, 前掲 118), (p.7.) ; Thierry
　　Le Goff（Ministère de l'Action et des Comptes publics）, Rapport annuel sur l'état de la fonction
　　publique: politiques et pratiques de ressources humaines. Paris, Direction générale de l'administration
　　et de la fonction publique, 2017, 540p., p.265.
125) Thierry Le Goff 2017 前掲 124), p.74.
126) 現在、フランスの法定労働時間は、週 35 時間で、年間 1607 時間を超えてはならない、すなわ
　　ち月間 134 時間を超えてはならないと規定されている。法①の条文中に「134」という数値は記され
　　ていないのだが、月当たり約 134 時間（1607 時間÷ 12 ヶ月＝ 133.91…時間）という計算になる
　　ため、公的な文書でもしばしばこの表記が使用されている。なお、根拠法は異なるが、民間企業等の
　　一般の労働者も、法定労働時間は同じである。
　　ともあれ、法定労働時間として認められた総時間（temps plein）の分量、つまり、週 35 時間分を限
　　度まで使うことが必要と判断された職務に対しては、全時間（temps complet）の職が設定される。一方、
　　より少ない時間でも遂行可能と判断された職務に対しては、法定労働時間よりも少ない時間で職が設
　　定され、それらの職は、非完全時間（temps non complet、または、temps incomplet）の職と呼ばれ
　　ている。
　　注意が必要なのは、全時間の職では、従事者の申し出により、時間を軽減する権利が認められている
　　ことである。この場合、全時間の職に軽減時間（temps partiel）で従事するということになるわけで
　　ある。非完全時間と軽減時間は、どちらもパートタイムと訳される等、時に同一視ないしは混同され
　　ていることもあるのだが、それらは全く異なるものである。
　　①根拠法は、国家、地方、病院の順に以下である。
　　・Décret n° 2000-815 du 25 août 2000 relatif à l'aménagement et à la réduction du temps de travail
　　　dans la fonction publique de l'Etat et dans la magistrature.
　　・Décret n° 2001-623 du 12 juillet 2001 pris pour l'application de l'article 7-1 de la loi n° 84-53 du
　　　26 janvier 1984 et relatif à l'aménagement et à la réduction du temps de travail dans la fonction
　　　publique territoriale.
　　・Décret n ° 2002-9 du 4 janvier 2002 relatif au temps de travail et à l'organisation du travail
　　　dans les établissements mentionnés à l'article 2 de la loi n ° 86-33 du 9 janvier 1986 portant
　　　dispositions statutaires relatives à la fonction publique hospitalière.
127) Thierry Le Goff 2017 前掲 124), p.75.

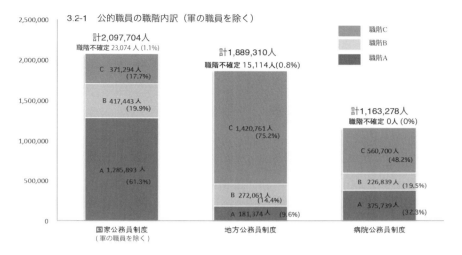

　<3.2-1>は、軍の職員を除いた国の公的職員、地方の公的職員、そして病院の公的職員に関して、職階ごとの人数及び割合を示している。そこにも示したように、国家では、軍の職員を除くと60％以上を職階Aが占めている。それに対して、地方では、職階Aは10％未満であり、職階Cが75％以上を占めている。

・公的職員における公務員及び非公務員の内訳

　すでに述べたように、フランスの公的職員の中には、公務員以外のものも含まれる。そして、その大部分が、国家では軍の職員か身分規定外公的職員、地方と病院では身分規定外公的職員なのである。現在、身分規定外公的職員の大部分は、公法上の契約により雇用されている。そして、それらの職員は、しばしば契約公的職員とも呼ばれている。

　同じく予算公会計担当省による2017年の報告によれば、2015年末日現在、フランスの契約公的職員は合計940,211人、総時間当量（ETP）では775,334人と記録されている。それらは順に、公的職員全体の、17.2％と15.3％に相当する。ただし、軍の職員を除いて計算すると、順に、18.3％と16.2％となる[128]。

---

128) Thierry Le Goff 2017 前掲 124) p.262. グラフに示した数値の多くは、この資料に示された割合から計算して求めたものである。そのため、本文中に示した人数とは僅かに異なっているものがある。

3.2 公的職員の人数及び内訳

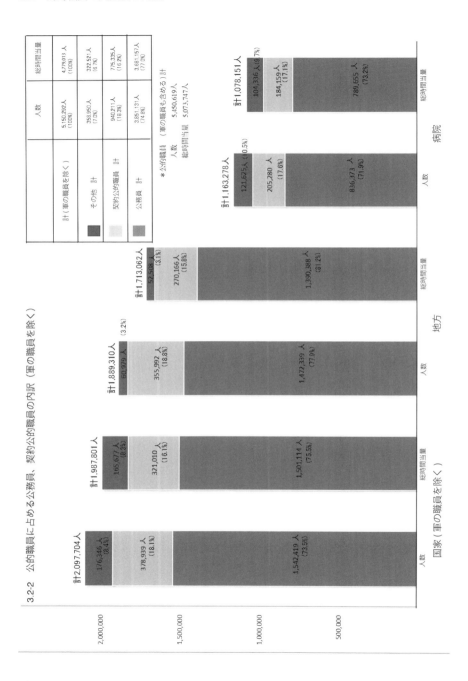

3.2-2 公的職員に占める公務員、契約公的職員の内訳（軍の職員を除く）

3 公的な職務や活動を担う非公務員

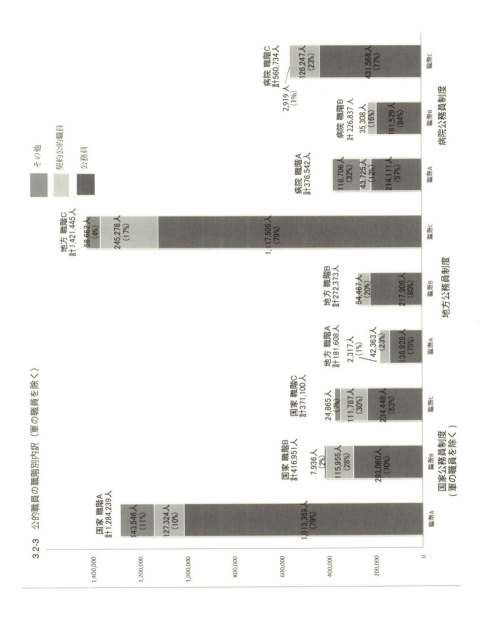

3.2-3 公的職員の職階別内訳（軍の職員を除く）

＜ 3.2-2 ＞にも示したように、3 種の公務員制度、すなわち、国家、地方、病院共、公的職員に占める公務員の割合はいずれも 70% 以上、概ね 75％程度となっている。それに対して、契約公的職員の割合は、概ね 16 から 19％程度である。すなわち、3 種の公務員制度において、それらの割合はそれほど変わらない。

　また、＜ 3.2-3 ＞には、それらの割合を、各公務員制度の職階ごとに示している。そこにも示したように、単純に人数を基準に比較すると、契約公的職員が最も多いのは、国家の場合は職階 A、地方の場合は職階 C である。しかしながら、契約公的職員のみならず、公務員も含めた公的職員全体でも、国家は職階 A、また地方は職階 C の人数が最も多く、この状況が反映された結果であると考えられる。実際、割合を基準に比較すると、国家の場合は職階 C、一方、地方の場合は職階 A の契約公的職員が最も多くなっている。

3.3　フランスの図書館職員数

・地方の図書館職の人数

　国立地方公務員センター（Centre national de la fonction publique territoriale: CNFPT）の報告[129] によれば、2014 年末日現在、フランスには、地方公務員としての図書館職が 31,158 人、また、地方の図書館職としての契約公的職員が 4,224 人存在する。なお、それはいずれも、パリが管轄する職員と援助型契約（contrat aidé）による職員を含めない人数となっている。

　＜ 3.3-1 ＞にも示したように、フランスの地方の図書館職は、公務員と契約公的職員のいずれにおいても、6 割強が職階 C、3 割強が職階 B に属している。＜ 3-2-1 ＞を参照に、これらの割合を、それぞれ地方の公的職員全体と比較すると、地方の図書館職は、他の職種に比べて職階 B の割合が相対的に多く、職階 C の割合が相対的に少ないというということになる。しかしながら、地方の

---

129) Mohamed Amine, Suivi des effectifs territoriaux. Paris, CNFPT, 2017, 39p., p.27.

3 公的な職務や活動を担う非公務員

3.3-1　地方が管轄する図書館職　　　　　　　　　　　　　　　　　2014 年 12 月末日現在

職階 catégorie		職群 cadre d'emploi	公務員 fonctionnaires		契約公的職員数 contractuels		公的職員に占める契約 公的職員の割合（%）
			人数（人）	割合（%）	人数（人）	割合（%）	
A	A ＋	上級司書 conservateur des bibliothèques	587	2	29	1	4.7
	A	司書 bibliothécaire	2,225	7	147	3	6.2
B		文化遺産及び蔵書管理補助員 assistant de conservation du patrimoine et des bibliothèques	9,257	30	1,443	34	13.5
C		文化遺産補佐 adjoint du patrimoine	19,089	61	2,605	62	12.0
計 total			31,158	100	4,224	100	11.9

　図書館職の職階 A は、公務員と契約公的職員のいずれにおいても 10％未満であり、この傾向は、地方の公的職員全体と変わらない。

　同じく＜ 3.3-1 ＞にも示したように、地方の図書館における契約公的職員の割合は全体で約 12％程度、最も多い職階 B でも 13％程度である。＜ 3.2-2 ＞と＜ 3.2-3 ＞を参照に、これらの割合を地方の公的職員全体と比較すると、地方の図書館の契約公的職員の割合は、いずれの職階でも、他の職種と比較して相対的に少ないということになる。

　なお、日本の場合、2014 年 4 月 1 日現在、全国の公立図書館には「常勤の公務員である専任職員」が 11,678 人存在する。それに対して、自治体雇用の臨時・非常勤職員は 15,686 人、委託職員 7982 人と合算すると計 23,668 人ということである [130]。いずれにせよ、先述したように「すべての図書館業務従事者の何と三分の二は、非正規公務員ないしは非正規労働者」[131] なのである。

・地方の図書館職における地域間格差

　一方、フランスの場合、地域の図書館職に関しては、地域間格差が問題となっている。この問題意識の下、文化省・メディア及び文化産業総局（Direction générale des médias et des industries culturelles: DGMIC）による報告には、地域の図書館に関する様々な数値を、コミューンの人口規模ごとに調査した結果が示さ

130）上林陽治　前掲 112）., p.36-37.
131）上林陽治　前掲 112）., p.37.

3.3　フランスの図書館職員数

れている。その内、2017 年の報告 [132] には、2015 年現在の数値として、人口
2 千人以上のコミューンにおける地域の図書館職の人数を、コミューンの人口規
模ごとに示した表も掲載されている。それによると、地域の図書館 1 館あたり
の職員数は平均約 8 人ということである。また、地域の図書館職の人数は、人
口規模の多寡にかかわらず、いずれの規模のコミューンでも人口 1 万人当たり
6 人となっている。要するに、単純に人口あたりで計算すると、図書館職の人数
は、コミューンの人口規模によって差があるというわけではない。

　しかしながら、同報告にもあるように、人口あたりの平均値だけを眺めてい
ると、地域の規模に直接依存する大きな格差を見落としてしまうことになる。
というのも、1 館あたりの職員数に関しては、コミューンの人口規模により非
常に大きな差が存在するからである。具体的には、人口 10 万人以上のコミュー
ンには 1 館に 120 人、4 万人以上 10 万人未満のコミューンには 38 人の職員が
配置されている図書館がある。その一方で、人口 2 千人以上 5 千人未満のコミュー
ンには 1 館あたり 2 人、また、5 千人以上 2 万人未満のコミューンでも 5 人し
か配置されていないのである。

　2017 年 1 月 1 日現在、フランスには合計 35,416 のコミューンが存在してい
るのだが、その内、人口 10 万人以上を擁するのは 42 コミューン、割合にして
0.1%にすぎず、約 94% が人口 5 千人未満である [133]。従って、ごく一部の大都
市には 100 人以上の職員が配置されている図書館がある一方で、圧倒的大多数
のコミューンの図書館には、1 館あたり 2 人ないしそれ以下しか職員が配置さ
れていないということになる。

・国家の図書館職の人数（公務員）

　高等教育省（Ministère de l'Enseignement supérieur）の報告 [134] によれば、2016

132）Observatoire de la lecture publique, Bibliothèques municipales et intercommunales: données
　　d'activité 2015 synthèse nationale. Ministère de la Culture, 2017, 96p., p.32-33.

133）Bruno Delsol et al. 前掲 15), p.8, 22.

134）Ministère de l'Enseignement supérieur, Panoramique sur les effectifs de personnels administratifs,
　　techniques, sociaux, de santé et de bibliothèques（BIATSS）engagés dans les missions de l'éducation

3 公的な職務や活動を担う非公務員

3.3-2　国家の図書館職（公務員）　　　　　　　　　　2016 年 2 月 1 日現在

職階 catégorie		職団 corps	公務員数 fonctionnaires	割合 （%）
A	A +	統括司書 conservateur général des bibliothèques	165	2.7
		上級司書 conservateur des bibliothèques	1,199	19.9
	A	司書 bibliothécaire	647	10.7
B		専門司書補 （BibAs） bibliothécaire assistant spécialisé	1,761	29.2
C		蔵書書庫係 magasinier des bibliothèques	2,262	37.5
計 total			6,034	100

年 2 月 1 日現在、フランスには、国家公務員としての図書館職が 6034 人存在する。＜ 3.3-2 ＞にも示した通り、その職団ごとの割合は、職階 A が計 33.3%、職階 B と C が、順に、29.2% と 37.5% である。＜ 3.2.1 ＞を参照に、これらの割合を、それぞれ国家の公的職員全体と比較すると、国家公務員としての図書館職は、他の職種に比べて職階 B と C の割合が相対的に多く、職階 A の割合が相対的に少ないということになる。

　しかしながら、＜ 3.3-1 ＞を参照に、地方公務員としての図書館職と比べると、国家公務員としての図書館職は職階 A の割合が相対的に多く、職階 C の割合が相対的に少なくなっている。とりわけ、国家公務員としての図書館職は、職階 A+ 上級司書の割合が非常に多く、図書館職全体の約 20% を占めている。フランス国立図書館（BNF）には、歴史的な文化遺産が多く所蔵されている。また、先の章でも述べたように、地方が管轄する図書館の内、指定図書館には、革命時の没収遺産に由来する貴重な資料が多く所蔵されており、現在でも、国家が管轄する上級司書が配置されている。国家の図書館職における上級司書の割合が高いのは、そうした事情にも起因していると思われる。

nationale et de l'enseignement supérieur, 2016.

3.3 フランスの図書館職員数

・国家の図書館職の人数（契約職員とヴァカテール）

　一方、国の図書館職に関しては、公務員以外の人数や割合などについて、全体の数値を確認することはできなかった。しかし、フランス図書館監督局（Inspection générale des bibliothèques: IGB）[135] による 2013 年の調査研究書 [136] には、大学図書館に代表される高等教育機関の図書館、フランス国立図書館（BNF）、そして、ジョルジュ・ポンピドゥー国立芸術文化センター内の公共情報図書館（Bpi）における公務員と、契約職員及びヴァカテールの人数が、総時間当量（équivalent temps plein: ETP）の形で掲載されていた。それら三種の図書館は、国の図書館の内、代表的なものである。ただし、調査時期はそれら三種の間でそれぞれ異なっており、また、職階ごとの内訳が示されているのは前二者のみであった。

　＜ 3.3-3 ＞は、同調査研究書に示されていたそれらの人数を元に作成したものである。ただし、それらの人数は、図書館系統のみならず、教育研究技術（Ingénieurs et techniciens de recherche et de formation: ITRF）系統 [137] の専門活動領域（branche d'activité professionnelle: BAP）F、すなわち、情報や文書などを扱う領域に属する職員も含めた値となっている。＜ 3.3-3 ＞の公務員数の合計が、＜ 3.3-2 ＞の公務員数の合計よりも多くなっているのは、調査時期の差よりも、この事態に起因するものと思われる。

　ともあれ、同調査研究書でも指摘されているように、国の図書館に関しては、機関ごとに異なる傾向が観察できる。高等教育機関では、職階 C で契約職員及びヴァカテールの占める割合が高くなっているのだが、職階 A では、その割合がごく僅かとなっている。具体的な数値は不明であるが、同調査研究書によれば、

135）高等教育担当省が管轄する行政機関であり、その主な目的は、同省及び文化担当省の助言の下で、国家及び地方が管轄する図書館に対して監督や助言を行うことである。元々は、革命時の没収遺産を管理する図書館を監督する目的で、1822 年に創設された。教育法典 R241-17 条に規定されている。

136）Pierre Carbone et al., Quels emplois dans les bibliothèques?: etat des lieux et perspectives（Rapport IGB n° 2012-020）. Inspection générale des bibliothèques, 2013, 82p., p.15.

137）以下の行政命令に規定されている。
　Décret n°85-1534 du 31 décembre 1985 fixant les dispositions statutaires applicables aux ingénieurs et aux personnels techniques et administratifs de recherche et de formation du ministère chargé de l'enseignement supérieur.

3.3-3 高等教育機関の図書館、フランス国立図書館、公共情報図書館の職員数

職階 catégorie	公務員 titulaire		契約職員とヴァカテール contractuel et vacataire		合計 total	契約職員とヴァカテールの割合（小数点第2位以下四捨五入）(%) contractuel et vacataire (%)
	総時間当量	割合 (%)	総時間当量	割合 (%)	総時間当量	
高等教育機関（≒大学）の図書館 bibliothèques de l'enseignement supérieur（2009年現在） A	1,647.14	28.62	127.46	8.44	1,774.60	7.2
B	1,514.57	26.31	256.72	16.99	1,771.29	14.5
C	2,594.18	45.07	1,126.44	74.57	3,720.62	30.3
計	5,755.89	100.00	1,510.62	100.00	7,266.51	20.8
フランス国立図書館 Bibliothèque nationale de France : BnF（2011年現在） A	496.90	31.37	405.90	49.20	902.80	45.0
B	397.90	25.12	214.50	26.00	612.40	35.0
C	689.30	43.51	15.40	1.87	704.70	2.2
非完全時間雇用の非公務員 personnel non-titulaire à temps incomplet			189.20		189.20	
計	1,584.10	100.00	825.00	77.07	2,409.10	34.2
公共情報図書館 Bibliothèque publique d'information : Bpi（2010年現在） 計	198.00		43.00		241.00	17.8

3.3 フランスの図書館職員数

公共情報図書館でも、同じ傾向がみられるということである。

　反対に、フランス国立図書館では、契約職員及びヴァカテールの占める割合
は職階 A が最も高く、職階 C はごく僅かである。また、フランス国立図書館の
特徴として、多くの非完全時間の非公務員が雇用されているという事態を指摘
することができる。

・ボランティア

　本節の最後に、図書館のボランティアについても触れておく。フランスにお
ける地方の図書館、中でも小規模なコミューンの読書施設は、多くをボランティ
アに依存する形で運営されている。フランスのコミューンは、その数が極端に
多く、概して規模が非常に小さい。この状況下、とりわけ小さなコミューンには、
図書館ではなく読書施設が置かれている。先の章でも述べたように、地方の図
書館及び図書館類似施設は、県立貸出図書館長協会（Association des directeurs de
bibliothèques départementales de p-êt: ADBDP）が定めた基準によって等級が決めら
れているのだが、読書施設とは、同協会が定める図書館の基準を満たさない施
設のことである。

　＜ 3.3-4 ＞でも示したように、等級が低くなる程、ボランティアに依存する割
合が高くなっている。第 3 級の図書館と読書施設では、ボランティアのいる施
設の割合が、順に 74％ と 81％ となっている。それらの施設では、ボランティ

3.3-4　地方の図書館 1 館における有償職員とボランティア

	図書館　bibliothèque				読書施設 point d'accès au livre
	第 1 級 niveau 1	第 2 級 niveau 2	第 3 級 niveau 3	図書館 全体	
有償職員（1 館あたり） personnel rémunéré	16.2 人(82.7%)	8.5 人(57.4%)	3.5 人(35.7%)	7.7 人(57.5%)	1.4 人(23.7%)
ボランティア（1 館あたり） bénévole	3.4 人(17.3%)	6.3 人(42.6%)	6.3 人(64.3%)	5.7 人(42.5%)	4.5 人(76.3%)
ボランティアがいる施設の割合 % des établissements employant des bénévoles	38%	53%	74%	60%	81%
ボランティアのみで 運営されている施設の割合 % des établissements n'employant que des bénévoles	0%	0%	12%	6%	12%

出典）Pierre Carbone et al. 前掲 136)p.12.

アに依存せざるをえない状況に置かれているのである。この状況下、図書館高等評議会は、1992年に『ボランティア図書館員憲章』（Charte du bibliothécaire volontaire）を採択した。『ボランティア図書館員憲章』は、ボランティアが業務を遂行する上での権利や義務、あるいは報酬等に関する原則を、全9条にわたって示したものである。

3.4　非公務員雇用の例外規定 [138]

　フランスでは、どのような場合に、公的な職務や活動を担う要員として、非公務員を雇用することが認められているのだろうか。先述のように、公務員一般身分規定の第一編、すなわち通称ル・ポール法の第3条には、国家及び地方の常置職（emploi permanent）は、公務員（fonctionnaire）により担われるという原則が規定されている。しかし、そこには「法で規定された例外を除き」という但し書きもついている。すなわち、この「法で規定された例外」[139] について概観するのが本節の目的である。また、それに加え、非公務員に開かれた職務や活動と労働時間との関係についても簡単に確認しておくことにする。というのも、いわゆるフルタイムかパートタイムかということと、公務員か非公務員かの関係性が、日本とフランスとでは大きく異なっているからである。

　国家か地方か病院かにより状況が異なる場合もあるのだが、ともあれ、その全体像を掴むべく、順に確認していくことにしよう。ただし、図書館職に関係が深い事柄に重点を置き、反対に、全く関係しない事柄は極力簡略化して概観していくことにする。

①非公務員を雇用することが認められている公的職務

---

138) Laurent Berger, Droits des salariés: fonctionnaires et contractuels édit. 2017. Paris, CFDT, 2016, 317p., p.88-92.
139) ここでいう「法」とは、具体的には、3種の公務員制度に関する一般身分規定、すなわち、公務員一般身分規定の第二編、第三編、そして第四編を指している。

3.4 非公務員雇用の例外規定

　それらはさらに、必ずしも公務員が担う必要はないと定められている職務か、あるいは、公務員が担うのが原則だが、例外的に非公務員が担うことも認められている職務かのいずれかに大別できる。以下、順に説明する。

・必ずしも公務員が担う必要はないと定められている公的職務

　この枠組みに含まれる公的職務は、国家か、地方か、あるいは病院かによって、それぞれ状況が異なっている。

　まず、国家の場合、次の三種に大別できる。第一に、行政命令で指定された公施設法人（établissement public）ないしは専門行政機関（institution administrative spécialisée）の職務、第二に、教育職や文書を扱う職務、あるいは進路指導に関わる職務[140]、そして、第三に、招聘や客員等の形で雇用された教育・研究者（enseignant-chercheur）の三種である。

　第一の範疇に該当する公施設法人と専門行政機関は、それぞれ別々の行政命令に、その一覧が示されているのだが[141][142]、前者の中には、ジョルジュ・ポンピドゥー国立芸術文化センター（Centre national d'art et de culture Georges-Pompidou）が含まれている。当該行政命令の規定によれば、同センターの職員は、職階A、B、C共、公務員ではない形で採用することが認められている。

　次に、地方の場合は、一部の幹部職に、公務員ではない者を採用することが認められている[143]。加えて、行政部局（cabinet）の構成員として、公務員ではない者を採用することも認められている。というのも、地方当局は、自由にそ

---

140) フランスでは、大学及び後期中等教育機関であるリセ（lycée）のほとんどを国家が管轄している。また、教育に関する進路は、入学試験による選抜ではなく進路指導によって決めるのが原則となっている。そのため、どの地域にも、国家の進路指導要員が多く存在しているのである。

141) 公施設法人については、以下の行政命令に、その一覧が示されている。
Décret n° 84-38 du 18 janvier 1984 fixant la liste des établissements publics de l'Etat à caractère administratif prévue au 2° de l'article 3 de la loi n° 84-16 du 11 janvier 1984.

142) 専門行政機関については、以下の行政命令に、その一覧が示されている。
Décret n° 84-455 du 14 juin 1984 fixant la liste des institutions administratives spécialisées de l'Etat prévue au 3° de l'article 3 de la loi n° 84-16 du 11 janvier 1984 portant dispositions statutaires relatives à la fonction publique de l'Etat.

143) その一覧は、公務員一般身分規定の第三編、すなわち、地方公務員を規定する一般身分規定（1984年1月26日付法律第84-53号）の第47条に示されている。

の構成員を採用することで、行政部局を組織することが認められているためである。

　最後に、病院の場合は、一部の上級職を、公務員ではない形で採用することが認められている[144]。

　以上のように、この枠組みに含まれる公的職務は、地方と病院に関しては、ほとんどが幹部職や上級職となっている。しかしながら、国家の場合、必ずしもそうではない。そして、注目すべきは、国家に関しては、それらの中、つまり、必ずしも幹部職ないし上級職とは限らないものの中に、図書館に関係する職務が多く含まれていることである。というのも、先述の通り、ジョルジュ・ポンピドゥー国立芸術文化センターには、公共情報図書館（Bibliothèque publique d'information Bpi）が置かれている。フランスを代表する、同国最大規模のメディアテック（médiathèque）である。また、先にも述べたように、フランスにおいて大学とは国立の高等教育機関であり、従って、上述の「文書を扱う職」には、大学図書館に関わる職務が含まれると判断できるからである。

・例外的に非公務員が担うことも認められている公的職務

　この枠組みに含まれるのは、主として次の二種の内、いずれかの場合である。

　一つ目は、当該職務を担うための職団（corps）ないし職群（cadre d'emploi）が存在しない場合である。ただし、そもそもこの場合は、公務員という形での採用は制度上不可能と考えられる。というのも、すでに何度か述べたように、公務員とは、公的職員の内、職団ないし職群に設けられた級に正式に任用（titulariser）される職員を指しているからである。

　二つ目は、当該職務の性質やサービスの必要性等の観点から、公務員ではない形で採用することが正当であると判断される場合である。ただし、その場合でも、基本的には[145]、職階Aに限って認められることとなっている。

144）その一覧は、公務員一般身分規定の第四編、すなわち、病院公務員を規定する一般身分規定（1986年1月9日付法律第86-33号）の第3条に示されている。
145）フランス以外の国に、フランスの代表として置かれる場合は、職階Aだけではなく、全職階に認められている。

83

3.4　非公務員雇用の例外規定

　いずれにせよ、以上二種共、この枠組みは図書館職と大きく関係するもので
はないと判断できる。

②一時的な増員や代替要員として、あるいは欠員の臨時的補充としての採用

　フランスの公的職務や活動を担う要員として、非公務員を雇用することが認
められているのは以上であり、それ以外のものには、公務員を採用するのが原
則となっている。

　しかしながら、以下のような場合には、非公務員を雇用することが認められ
ている。すなわち、第一に、短期間のみ増員が必要な場合、第二に、一時的に
代替要員が必要な場合、第三に、欠員を臨時的に補充する場合である。なお、
これらの枠組みで図書館に勤めている者も多く存在する。

　それらの内、第一の場合とは、具体的には、一時的に仕事量が増大する事態
が発生した場合や、特定季節にのみ増員が必要な場合等である。前者は 12 ヶ月
迄、また、後者は 6 ヶ月迄と規定されている。

　第二の場合とは、具体的には、当該職務を担っている職員が各種休暇を取得
したり、勤務時間の軽減を申請した場合等である。後者の場合、時間の軽減を
申請した職員は、当該職務に軽減時間（temps partiel）で従事することとなり、
その分を代替要員が補うというわけである。そして、この規則は、その代替要
員が、同様の事態となった時にも適用される。

　そして、第三の場合とは、具体的には、当該職員が職業訓練を受けることになっ
た等の理由で一時的に欠員が生じ、かつそれを公務員の採用という形で埋める
ことができなかった場合等である。

　以上三種のような場合の規則は、以前には、国家か地方か病院かによってそ
れぞれ条件や期間等が異なっていた。しかしながら、現在では、ほぼ同等化さ
れるにいたっている。この同等化に大きな役割を果たしたのが、公務員の出向
等を促進する目的で制定された 2009 年 8 月の法律 [146] である。それにより、

---

146) Loi n ° 2009-972 du 3 août 2009 relative à la mobilité et aux parcours professionnels dans la
　　fonction publique.

全三種の公務員制度の規則が体系化、かつ同等化されることとなった。その結果、この枠組みで身分規定外公的職員を採用する場合の手続きが、簡素化されることとなったのである。

前章でも確認したように、フランスでは、公務員改革を進めるにあたり、国、地方、病院と全3種の公務員制度の間、あるいは異なる地域の間で、互いに整合的に対応する体制が整えられていった。そしてこの方針は、現在、公的機関に勤める非公務員、とりわけ契約公的職員に代表される身分規定外公的職員に対しても適用されつつあるのである。

③非公務員に開かれた職務や活動と労働時間との関係について

本節の最後に、非公務員に開かれた職務や活動と労働時間との関係についても、簡単に確認しておくことにする。

先の節でも触れたように、全時間（temps complet）の職に対しては、時間を軽減して、軽減時間（temps partiel）という形で従事する権利が認められている。再度確認しておくと、全時間の職とは、法定労働時間として認められた総時間（temps plein）の分量まで使うことが必要と判断された職務に設定された職である。それに対して、より少ない時間でも遂行可能と判断された職務に設定された職は、非完全時間（temps non complet、または、temps incomplet）の職と呼ばれている。

ともあれ、全時間の職には、国家、地方、病院の三種共、公務員のみならず非公務員を採用することが認められている。上述の法で規定された条件の下で、ということである。そして、全時間の職に従事する職員に対しては、軽減時間という形で働くことを申し出る権利が認められている。この権利は、国家、地方、病院共、公務員のみならず身分規定外公的職員にも認められており、かつ、この申し出は拒否されないこととなっている[147]。

一方、非完全時間の職に公務員を採用することが認められているのは、地方

---

147) 国家、地方、病院の順に、公務員一般身分規定の第二編第37条から40条、第三編第60条から60条4（60 quater）、そして第四編第46条から47-1条に規定されている。

85

3.4 公的職員に開かれた労働時間の種類

職務の遂行に 法定労働時間の 総時間（temps plein）が		国家の公的職員 agent publique de l'État		地方の公的職員 agent publique territoriale		病院の公的職員 agent publique hospitalière	
		公務員 agent public titulaire ‖ fonctionnaire	身分規定外 公的職員 agent publi non titulaire	公務員 agent public titulaire ‖ fonctionnaire	身分規定外 公的職員 agent publi non titulaire	公務員 agent public titulaire ‖ fonctionnaire	身分規定外 公的職員 agent publi non titulaire
必要	全時間 temps complet	○	○	○	○	○	○
	軽減時間 temps partiel	○	○	○	○	○	○
不必要	非完全時間 temps non complet または、temps incomplet	×	○	○	○	×	○

のみである。従って、国家と病院の非完全時間の職は、必然的に全て非公務員
が担っているということになる[148]＜3.4＞。

3.5　身分規定外公的職員の規定

　ここでは、非公務員の内、公的職員（agent public）の法制度について概観する。
すなわち、身分規定外公的職員（agent public non titulaire）、中でもその大部分を
占める契約公的職員（agent public contractuel）の法制度について概観するのが、
本節の目的である。

　フランスでは、地方分権政策下、1983年の通称ル・ポール法を皮切りに、計
四編から成る公務員一般身分規定が次々と制定されていった。先にも述べたよ
うに、それら四編とは制定順に、それぞれ、公務員全体、国家公務員、地方公
務員、そして病院公務員を対象に、権利や義務、あるいは、採用や報酬を始め
とする各種条件等を、法律（loi）の形で定めた規定である。

　それらの内、最後の第四編が制定された数日後より、身分規定外公的職員（agent
public non titulaire）に対しても、権利や身分を保障し、各種条件を定めるための

---

148) Laurent Berger, 前掲 138) p.210-219.

規定が制定されていった。1986 年 1 月から、1991 年 2 月にかけて、国家、地方、病院の順に、それぞれの公務員一般身分規定に基づく形で、一般規定（disposition générale）を定めた行政命令（décret）が、それぞれ制定されていったのである。

　まず、国の身分規定外公的職員に関する行政命令が、1986 年 1 月に制定された [149]。これは、公務員一般身分規定の第二編、すなわち国家公務員に関する一般身分規定の第 7 条に基づく措置である。そこには、公務員が享受しているものと同等の社会的保護を身分規定外公的職員にも保障するため、一般規定を定めた行政命令を制定すると規定されており、これが具体化した形である。同様に、公務員一般身分規定の第三編、すなわち、地方公務員に関する一般身分規定の第 136 条に基づいて、1988 年 2 月に地方の身分規定外公的職員に関する一般規定が制定された [150]。次いで、公務員一般身分規定の第四編、すなわち、病院公務員に関する一般身分規定の第 2 条に基づいて、1991 年 2 月に病院関係の身分規定外公的職員に関する一般規定が制定された [151]。

　なお、病院関係の身分規定外公的職員に関する一般規定を定めた行政命令では、題名中で同職員を表す用語として、当初から契約職員（agent contractuel）が使用されていた。一方、国と地方のそれでは、当初は身分規定外職員（agent non titulaire）という用語が使用されていたのだが、順に 2014 年 3 月 24 日付、2016 年 1 月 1 日付で、どちらも契約職員（agent contractuel）に変更された。というのも、現在、身分規定外公的職員は、実質上ほとんどが契約公的職員となっているためである＜ 3.5 ＞。

　ともあれ、国家、地方、病院の三種共、身分規定外公的職員に関しては、各

---

149) Décret n° 86-83 du 17 janvier 1986 relatif aux dispositions générales applicables aux agents non titulaires de l'État pris pour l'application de l'article 7 de la loi n° 84-16 du 11 janvier 1984 portant dispositions statutaires relatives à la fonction publique de l'État.

150) Décret n° 88-145 du 15 février 1988 pris pour l'application de l'article 136 de la loi du 26 janvier 1984 modifiée portant dispositions statutaires relatives à la fonction publique territoriale et relatif aux agents non titulaires de la fonction publique territoriale.

151) Décret n° 91-155 du 6 février 1991 relatif aux dispositions générales applicables aux agents contractuels des établissements mentionnés à l'article 2 de la loi n° 86-33 du 9 janvier 1986 modifiée portant dispositions statutaires relatives à la fonction publique hospitalière.

3.5 身分規定外公的職員の規定

公務員一般身分規定と、身分規定外公的職員の一般規定

1983 年 7 月 13 日付法律　第 83-634 号
（公務員一般身分規定第一編 ＝ titre 1 er）　公務員制度全体を規定
通称ル・ポール法 (loi Le Pors)
Loi n° 83-634 du 13 juillet 1983
portant droits et obligations des fonctionnaires.

1984 年 1 月 11 日付法律　第 84-16 号　国家公務員制度を規定
（公務員一般身分規定第二編 ＝ titre II）
Loi n° 84-16 du 11 janvier 1984
portant dispositions statutaires relatives à la fonction publique de l'Etat.

— 7 条 →

1984 年 1 月 26 日付法律　第 84-53 号　地方公務員制度を規定
（公務員一般身分規定第三編 ＝ titre III）
Loi n° 84-53 du 26 janvier 1984
portant dispositions statutaires relatives à la fonction publique territoriale.

— 136 条 →

1986 年 1 月 9 日付法律　第 86-33 号　病院公務員制度を規定
（公務員一般身分規定第四編 ＝ titre IV）
Loi n° 86-33 du 9 janvier 1986
portant dispositions statutaires relatives à la fonction publique hospitalière.

— 2 条 →

1986 年 1 月 17 日付行政命令　第 86-83 号
国家の管轄する身分規定外公的職員の一般規定
Décret n° 86-83 du 17 janvier 1986
relatif aux dispositions générales applicables aux agents non titulaires de l'Etat pris pour l'application de l'article 7 de la loi n° 84-16 du 11 janvier 1984 portant dispositions statutaires relatives à la fonction publique de l'Etat.
注) 2014 年 3 月 24 日付で規定名称変更「non titulaires」→「contractuels」
Décret n° 86-83 du 17 janvier 1986
relatif aux dispositions générales applicables aux agents contractuels de l'Etat pris pour l'application de l'article 7 de la loi n° 84-16 du 11 janvier 1984 portant dispositions statutaires relatives à la fonction publique de l'Etat.

1988 年 2 月 15 日付行政命令　第 88-145 号
地方が管轄する身分規定外公的職員の一般規定
Décret n° 88-145 du 15 février 1988
pris pour l'application de l'article 136 de la loi du 26 janvier 1984 modifiée portant dispositions statutaires relatives à la fonction publique territoriale et relatif aux agents non titulaires de la fonction publique territoriale.
注) 2016 年 1 月 1 日付で規定名称変更「non titulaires」→「contractuels」
Décret n° 88-145 du 15 février 1988
pris pour l'application de l'article 136 de la loi du 26 janvier 1984 modifiée portant dispositions statutaires relatives à la fonction publique territoriale et relatif aux agents contractuels de la fonction publique territoriale.

1991 年 2 月 6 日付行政命令　第 91-155 号
病院が管轄する身分規定外公的職員の一般規定
Décret n° 91-155 du 6 février 1991
relatif aux dispositions générales applicables aux agents contractuels des établissements mentionnés à l'article 2 de la loi n° 86-33 du 9 janvier 1986 modifiée portant dispositions statutaires relatives à la fonction publique hospitalière.

種権利や義務等が、一般規定を定めた行政命令という形で規定されたのである。ここでいう権利には、例えば、出産、育児、研修、組合活動等のための各種休暇の保障等が含まれる。また、身分規定外公的職員の給与は、公務員と同様の指数（indice）を基準に計算されるのが通常となっている。それでも、後の節で述べるように、公務員に比べて不安定な状態に置かれているとして、その不安定さを解消するための試みが繰り返されているのである。

　この状況下、2005 年の法律 [152] により、身分規定外公的職員の一般規定を定めた三種の行政命令がそれぞれ修正され、契約公的職員に対して、無期契約（CDI: contrat à durée indéterminée）という雇用形態が正式に取り入れられることとなった。同法は、公務員職大臣として同法成立に貢献したデュトレイユ（Renaud Dutreil）[153] に因み、デュトレイユ法（loi Dutreil）と通称されている。

　通称デュトレイユ法が成立する以前において、契約公的職員は、期付契約（CDD: contrat à durée déterminée）で雇用されるのが通常であった。しかしながら、過去 8 年間の内、計 6 年以上、契約公的職員として従事していた等の条件を満たせば、雇用期間に任期を設けない無期契約（CDI）で雇用される権利、すなわち、無期契約化（CDIisation）が認められることとなったのである。それにより、無期契約（CDI）の契約公的職員は、公務員とほぼ同等の権利及び義務を有することとなり、準公務員（quasi-fonctionnaire）の状態にあるといわれている [154]。

　フランス国立統計経済研究所（Institut national de la statistique et des études économiques: Insee）による 2014 年の報告書によれば、2012 年の時点で、期付契約（CDD）の契約公的職員数は公的職員全体の 14.4%、それに対して、公務員と無期契約（CDI）の契約公的職員を合わせた人数は 85.2% ということである [155]。

---

152) Loi n° 2005-843 du 26 juillet 2005 portant diverses mesures de transposition du droit communautaire à la fonction publique.
153) 法制定当時は商務大臣
154) Emmanuel Aubin, L'essentiel du droit de la fonction publique 2015-2016. Issy-les-Moulineaux, Gualino Editions, 2015, 166p., p.43.
155) Nicole Roth（Insee）, Emploi et salaires édition 2014, Mayenne, Jouve,2014, 172p., p.127.

3.6 援助型契約による職員

　公的職務に携わる私法（droit privé）上の非公務員、すなわち非公的職員の制度についても簡単に整理しておくことにする。具体的には、援助型契約（contrat aidé）による職員、及び、実習型契約（contrat d'apprentissage）による実習生、そして、派遣職員（intérimaire、または、agents intérimaire）についてである。加えて、ヴァカテール（vacataire）と総称される、いわゆるアルバイト職員に関しても触れておく。

・援助型契約（contrat aidé）による職員と実習型契約（contrat d'apprentissage）による実習生

　これらの契約は、私法上の労働契約であり、どちらも、労働法典（code du travail）に規定されている。具体的には、援助型契約が「第5部　雇用（L'emploi）」に規定[156]され、実習型契約は「第6部　生涯職業訓練（La formation professionnelle tout au long de la vie）」に規定[157]されている。すなわち、実習型契約は、しばしば援助型契約の一種のように扱われているのだが、労働法典上は、あくまでも職業訓練のための契約として位置付けられているのである。実際、実習型契約は、職員というよりは、資格取得等を目指す実習生のための契約となっている。同契約を結んだ実習生は、教育期間と就業期間とを交互に組み合わせる形で職務に携わることが可能となるのである。

　それに対して、援助型契約は、主として失業者の就職支援を目的とする契約である。同契約を結んだ雇用者は、社会保障分担金の免除や補助金の支給等の援助を受ける。そして、非雇用者は、契約期間中に職業資格を得る等、契約終了後の安定雇用を目指すのである。

156）第5部（partie）第1編（livre）第3章（titre）第4節（chapitre）
157）第6部（partie）第2編（livre）第2章（titre）

3　公的な職務や活動を担う非公務員

　援助型契約にも様々な種類のものがあり、加えて、時代と共に新設や統廃合を繰り返しているのだが、公務員省による 2016 年の報告[158] によれば、同報告書発表時点で公的な職務に適用されているのは、参入型統一契約—支援雇用型契約（contrat unique d'insertion - contrat d'accompagnement dans l'emploi: CUI-CAE）[159] と、未来型契約（contrat d'avenir: CAV）[160] の 2 種である＜ 3.6-1 ＞。その内、未来型契約（CAV）は、16 歳から 26 歳までの若者、とりわけ、免状や資格を持たない若者を対象とした契約である。

　公務員省による 2016 年の報告[161] によると、2014 年末日現在の援助型契約による職員は 191,316 人で、公的職員の約 3.5％に相当する計算になる[162]。
＜ 3.6-2 ＞は、同報告を下に、援助型契約による職員の各種内訳を示したもので

158）Thierry Le Goff（Ministère de la fonction publique）, Rapport annuel sur l'état de la fonction publique: politiques et pratiques de ressources humaines. Paris, Direction générale de l'administration et de la fonction publique, 2016, 684p., p.90-91.

159）2008 年の法律①で創設された参入型統一契約（contrat unique d'insertion: CUI）2 種の内の一つ。ただし、それら 2 種共、2010 年 1 月から実施されている②。参入型統一契約（CUI）は、元々は、2005 年の社会統合計画法③で創設された 4 種の援助型契約を、上記 2008 年の法律で 2 種に統合する形で創設された。具体的には、支援雇用型契約（CAE）と未来型契約（CAV）を統合して参入型統一契約—支援雇用型契約（CUI-CAE）が創設され、雇用主導型契約（contrat initiative emploi: CIE）と活動最低所得保障参入型契約（contrat insertion-revenu minimum d'activité: CI-RMA）を統合して参入型統一契約—雇用主導型契約（CUI-CIE）が創設された。そして、前者が公的部門に、そして後者が商業部門に適用されることとなったのである。要するに、2005 年創設の未来型契約（CAV）は、この時点で一旦、廃止された形になる。なお、2005 年創設の上記 4 種の援助型契約も、それ以前の援助型契約を統合する形で創設されている。
　　① Loi n° 2008-1249 du 1er décembre 2008 généralisant le revenu de solidarité active et réformant les politiques d'insertion.
　　② Circulaire DGEFP n° 2009-42 du 5 novembre 2009 relative à l'entrée en vigueur du contrat unique d'insertion au 1er janvier 2010.
　　＊ DGEFP: Délégation générale à l'emploi et à la formation professionnelle（雇用及び職業訓練総局）。労働省の一部局。
　　③ Loi n° 2005-32 du 18 janvier 2005 de programmation pour la cohésion sociale.

160）2012 年の法律①で創設された。先の注でも述べたように、2005 年の社会統合計画法で創設された未来型契約は、2008 年の法律で一旦廃止された。しかし、2012 年の法律で、別の枠組みの下、新たに創設されたのである。なお、この未来型契約とは別に、2013 年には教員を対象とした未来型契約、すなわち教員未来型契約（contrat d'avenir professeur）も創設されている②。
　　① Loi n° 2012-1189 du 1er novembre 2012 portant création des emplois d'avenir.
　　② Décret n° 2013-50 du 15 janvier 2013 relatif à l'emploi d'avenir professeur.

161）Thierry Le Goff　2016 前掲 158）p.90.

162）同報告書には、公的職員数の合計は 5,448,321 人と記録されている。

91

3.6 援助型契約による職員

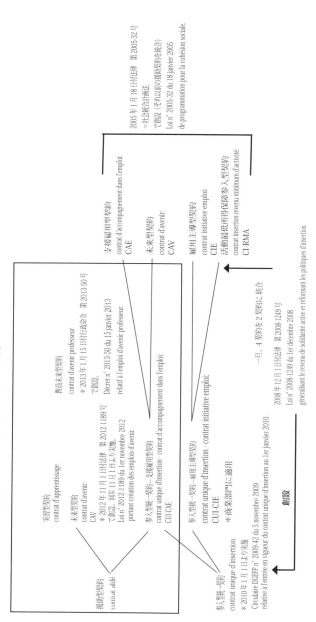

3.6-1 公共機関の契約職員及び実習生に適用される私法上の契約

3 公的な職務や活動を担う非公務員

3.6-2 援助型契約による職員の内訳

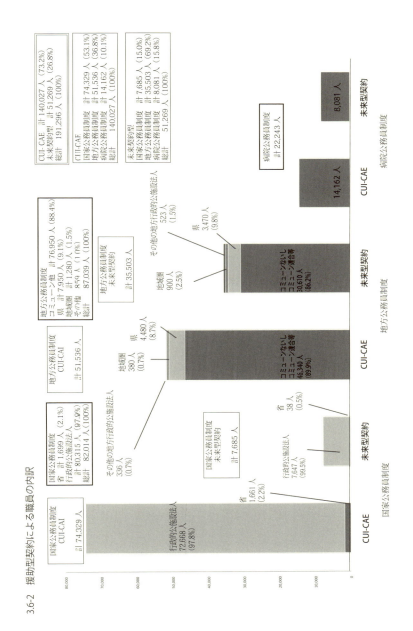

3.6 援助型契約による職員

ある。そこにも示したように、全3種の公務員制度を対象に、公的な職務に適用されている全2種の援助型契約を比較すると、参入型統一契約—支援雇用型契約（CUI-CAE）による職員は、未来型契約（CAV）による職員の約2.7倍存在する。その内半分以上は国家公務員制度の職員であり、かつ、そのほとんどが、行政的公施設法人の職員である。国家公務員制度では、未来型契約（CAV）でも、大部分が行政的公施設法人の職員である。一方、地方公務員制度では、参入型統一契約—支援雇用型契約（CUI-CAE）、及び未来型契約（CAV）の2種共、援助型契約による職員は、コミューン関係が大部分を占めている。

・派遣職員（intérimaire、または、agents intérimaire）

現在のフランスでは、公的な職務や活動に臨時的に携わる要員として、派遣職員（intérimaire、または、agents intérimaire）を使用することも認められている。先の節でもとりあげた2009年8月の法律[163]、すなわち、公務員の出向等を促進する目的で制定された法律により、公務員一般身分規定や労働法典などに変更が加えられたことによる[164]。労働法典に規定された条件[165]や、労働省より出された「公務への派遣要領」に関する通達[166]に従う形であれば、身分規定外公的職員の代わりに、派遣職員を使用することが可能となったのである。

ただし、同通達によれば、公的機関で派遣職員を使用することができるのは、次の4つの場合に限られる。すなわち、第一に一時的に代替要員が必要な場合、第二に必要な職が法規定上まだ設けられていない場合、第三に短期間のみ仕事量が増大する場合、そして、第四に特定季節ないし臨時的に増員が必要な場合である。第一の場合としては、具体的には、当該職務を担っている職員が、病気、

---

163) Loi n° 2009-972 du 3 août 2009 前掲146）
164) 同法律第21条により、国家公務員を規定する公務員一般身分規定第二編、地方公務員を規定する公務員一般身分規定第三編、そして、病院公務員を規定する公務員一般身分規定第四編に、それぞれ順に、第3bis条、第3-2条、第9-3条が新たに加えられ、また、労働法典L. 1251にも変更が加えられた。
165) 労働法典L.1261-60～63条
166) Circulaire MTSF1009518C du 3 août 2010 relative aux modalités de recours à l'intérim dans la fonction publique.

出産、育児等に認められた各種休暇を取得した場合や、認められたその他の市民活動等に一時的に参加している場合等が想定されている。また、第二の場合は、新たに必要となった職が、当該公務員制度の公務員一般身分規定に沿う形で規定されるまでの間を埋めるために適用される。期間は第二の場合のみ最大 12 ヶ月迄、他の3つの場合最大は 18 ヶ月迄と定められている。

　派遣職員は公的職員ではなく、派遣会社（agence d'intérim）を雇用者とする職員である。そのため、依頼側公的機関は、派遣職員と直接にではなく、派遣会社と契約を結ぶ。その上で、その派遣会社が、当該派遣職員と契約を結ぶのである。それでも、公的職務に携わる派遣職員は、公的職員と同じ義務及び権利を有している。例えば、公的職員と同様にストライキの権利も認められている。

　また、派遣職員の報酬は同じ職務を担う身分規定外公的職員と同額でなければならず、加えて、そのための支出、つまり、それに伴う人件費を含めた全ての経費は、依頼側の公的機関で賄わなければならないこととなっている。そのため、人件費という点では、むしろ割高にならざるを得ないのである。換言すれば、派遣職員の導入は、例えば、民間のノウハウを活用したり、経費の削減、とりわけ人件費の削減を目的としているわけでは決してない。

　そのため、フランスの公的機関における派遣職員数は、実際にはごく僅かに留まっている。フランス労働省の調査統計局による 2014 年の報告によれば、2012 年の時点で、フランスの公的機関における派遣職員数は、フランスで公的職務に携わる要員全体の 0.2％ということである。非公的機関における派遣職員の割合は 2.8％ なので、その 14 分の 1 ということになる [167]。

　上述のように、公的な職務や活動への派遣職員の導入は、公務員の出向等を促進する目的で制定された 2009 年 8 月の法律により可能となったものである。同法律により、いかなる職団ないしは職群に属している公務員も、外部に出向したり、特別任用という形で外部に派遣される権利が認められることとなっ

---

167) Muriel Barlet et al., "Entre 2000 et 2012, forte hausse des embauches en contrats temporaires, mais stabilisation de la part des CDI dans l'emploi," Dares Analyses, No.56, 2014.7. p.1-12., p.11.

た[168]。そして、公務員の出向等が公務に支障を来すことを防ぐため、一時的な代替要員等として身分規定外職員を採用する際の手続きが簡素化され、加えて派遣職員の使用が認められることとなったのである。

　また、出向や特別任用等に際しては、異動前と異動先で、同等の職階かつ水準において実施されることとなった。異動が当該公務員の不利益とならず、むしろ、正当な機会と待遇が確保されるようにするためである。こうした仕組みは、公務員制度改革により、統一的な任用枠組みが整えられたからこそ可能となったものである。

・ヴァカテール（vacataire）

　本節の最後に、ヴァカテール〔vacataire〕と総称される、いわゆるアルバイト職員に関しても触れておく。短期契約の職員や臨時的に雇われた職員は、しばしば、ヴァカテールとも呼ばれている。とりわけ、図書館にはヴァカテールと呼ばれるアルバイト職員が大勢存在する。しかしながら、ヴァカテールは学生アルバイトに適用されるべき用語であり、短期契約の身分規定外職員等と同列視するのは、本来は誤用ということである[169]。

3.7　非公務員の安定雇用化

　公的職務に携わる公務員以外の職員、すなわち非公務員に対しては、その立場の不安定さを解消するための試みが、これまでにも何度か実施されてきた。その試みは、古くは 1945 年にまで遡る。前の章でも触れたように、フランス

168）公務員一般身分規定第一編、すなわち通称ル・ポール法の第 13 条が修正された。

169）判例などでは、ヴァカテールという語が、身分規定外公的職員の一般規定を定めた行政命令に従わない形で雇用され、かつ短期間に限って特定の業務を担う職員を指す際に用いられている。

Jean-François Lemmet & Pierre-Henri Thomazo, Le statut des agents territoriaux: fonctionnaires et non titulaires 2e édition. Issy-les-Moulineaux, LGDJ, 2015, 238p., p.50-51.; "Les vacataires dans la fonction publique territoriale," Les informations administratives et juridiques. 2010.2, p.2-9.

では共和国臨時政府時代の 1945 年 10 月に、公務員の養成や採用について定めた行政法規が制定されている。ただし、それに先立つ同年 5 月には、それまでに雇用されていた国家の臨時的補助職を正式に任用するための行政法規 [170] が制定されているのである。

　同じく前の章で述べたように、公務員を規定する本格的な法律が制定されたのは、第四共和国が成立して間もない 1946 年 10 月のことである。同法は、1958 年の第五共和国憲法に対応すべく 1959 年の行政法規に代わられている。ただし、この行政法規が公布された前後にも、数度にわたり、補助的職員を正式に任用したり、職階 D の公務員とするための法規類が制定されている [171]。

　そして、1980 年代より開始された地方分権政策下、フランスの公務員は、国家に加えて、地方と病院の計三種となった。そのため、1983 年 7 月の通称ル・ポール法を皮切りに、計四編から成る公務員一般身分規定が次々と制定されていった。それらについても、すでに述べた通りである。ただし、その際にも、それに先立つ 1983 年 6 月には、それまでに雇用されていた国家の身分規定外公的職員を正式に任用するための法律が制定されている [172]。その上で、ル・ポール法を始めとする公務員一般身分規定では、契約の更新を制限する措置が取られているのである。

　さらにその後も、同様の試みは何度も実施されている。中でも特筆すべきは、1996 年の通称ペルベン法（loi Perben） [173]、2001 年の通称サパン法（loi Sapin） [174]、

170）Ordonnance n° 45-1006 du 21 mai 1945 relative à la titularisation des emplois d'auxiliaire temporaire de l'Etat.

171）Loi n° 50-400 du 3 avril 1950 portant autorisation de transformation d'emplois et réforme de l'auxiliariat.; Décret n° 65-528 du 29 juin 1965 relatif à la titularisation dans les corps de fonctionnaires de la catégorie D d'agents de l'Etat recrutés en qualité d'auxiliaire.; Décret n° 76-307 du 8 avril 1976 relatif à la titularisation dans les corps de fonctionnaires de la catégorie D d'agents auxiliaires de l'Etat. 他

172）Loi n° 83-481 du 11 juin 1983 définissant les conditions dans lesquelles doivent être pourvus les emplois civils permanents de l'Etat et de ses établissements publics et autorisant l'intégration des agents non titulaires occupant de tels emplois.

173）Loi n° 96-1093 du 16 décembre 1996 前掲 92）①
　1996 年 5 月 14 日付で組合組織と締結された通称ペルベン協定（protocole Perben）に基づいて制定された

174）Loi n° 2001-2 du 3 janvier 2001 relative à la résorption de l'emploi précaire et à la modernisation du recrutement dans la fonction publique ainsi qu'au temps de travail dans la fonction publique

3.7 非公務員の安定雇用化

先の節でも触れた 2005 年の通称デュトレイユ法（loi Dutreil）[175]、そして、2012 年の通称ソヴァデ法（loi Sauvadet）[176] である。なお、それらの内、デュトレイユ法の通称は、法制定当時は商務大臣であったものの、公務員職大臣として同法成立に貢献したデュトレイユ（Renaud Dutreil）に因んでいる。また、残り三法の通称も、それぞれ法制定当時の公務員職大臣、すなわち、順に、ペルベン（Dominique Perben）、サパン（Michel Sapin）、そして、ソヴァデ（François Sauvadet）に因んでいる。

　ペルベン法の下で実施された措置により、身分規定外公的職員の内、約 6 万人が公務員となっている[177]。また、サパン法の下で実施された措置により、身分規定外公的職員の内、約 3 万 9 千人が公務員となっている[178]。加えて、同法により、公務員制度の競争選抜に、第三競争選抜（troisième concours）の制度が創設された。前の章でも述べたように、公務員制度の競争選抜には、公的機関に勤務していない人も含めて受験可能な外部競争選抜（concours externe）と、身分規定外の職員も含めて公的機関にすでに一定期間以上勤務している人のみを対象とした内部競争選抜（concours interne）が設けられている。2001 年の通称サパン法により、それらに加えて、非公務員に対しても、それまでの公的機関での職歴が考慮される第三競争選抜が加えられることとなったのである。

　その後、2005 年の通称デュトレイユ法により、契約公的職員（agent public contractuel）に対して、期付契約（CDD）に加えて、無期契約（CDI）という雇用

---

territoriale.

2000 年 7 月 10 日付の通称サパン協定（protocole Sapin）に基づいて制定された。

175) Loi n° 2005-843 du 26 juillet 2005 前掲 152）

176) Loi n° 2012-347 du 12 mars 2012 relatve à l'accès à l'emploi titulaire et à l'amélioration des conditions d'emploi des agents contractuels dans la foction publique, à la lutte contre les discriminations et portant diverses dispositions relatives à la fonction publique.

2011 年 3 月 31 日付の通称ソヴァデ協定（protocole Sauvadet）①に基づいて制定された。

① Protocole d'accord du 31 mars 2011 portant sécurisation des parcours professionnels des agents contractuels dans les trois versants de la fonction publique: accès à l'emploi titulaire et amélioration des conditions d'emploi.

177) Catherine Tasca (Sénat)，Rapport (Session ordinaire de 2011-2012) n° 260, 2012.1.17. 307p., p.166

178) Catherine Tasca、前掲 177）p.167

3　公的な職務や活動を担う非公務員

形態が正式に取り入れられることとなった。そして、無期契約の契約公的職員が、
準公務員（quasi-fonctionnaire）の状態にあるといわれていることについても、先
の節で述べた通りである。

　この状況下、2012 年の通称ソヴァデ法により、無期契約化（CDIsation）、すな
わち、期付契約（CDD）から無期契約（CDI）への変更が、より容易に実施できる
こととなった。加えて、同法により、契約職員の公務員化(titularisation)、すなわち、
公務員としての正規任用を支援する措置がとられることとなった。

　無期契約化や公務員化の措置は、当初は 4 年間、すなわち 2016 年 3 月まで
実施されることになっていた。しかし、2016 年 4 月に制定された公務員の職
業倫理や権利、そして義務に関する法律 [179] によって通称ソヴァデが修正され、
2018 年 3 月まで延期されることとなった。公務員省による 2015 年の年報によ
れば、2013 年と 2014 年で、身分規定外公的職員の内、国家では約 11600 人が、
また、地方では約 15000 人が公務員として正式任用されている [180] ＜ 3.7 ＞。

179）Loi n° 2016-483 du 20 avril 2016 前掲 99）②
180）Thierry Le Goff（Ministère de la décentralisation et de la fonction publique）, Rapport annuel
　　sur l'état de la fonction publique: politiques et pratiques de ressources humaines. Paris, Direction de
　　l'information légale et administrative, 2015, 659p., p.67-69.

3.7 非公務員の安定雇用化

3.7 非公務員の安定雇用化

公務員制度規定

1945年10月9日付行政法規　第45-2283号
公務員の養成や採用について定める
Ordonnance n° 45-2283 du 9 octobre 1945
relative à la formation, au recrutement et au statut de certaines catégories de fonctionnaires et instituant une direction de la fonction publique et un conseil permanent de l'administration civile.

1946年10月19日付法律　第46-2294号
仏初の公務員を規定する本格的な法律
Loi n° 46-2294 du 19 octobre 1946
relative au statut général des fonctionnaires.

1959年2月4日付行政法規第59-244号
1958年の第五共和国憲法に対応するため、規定を修正
Ordonnance n° 59-244 du 4 février 1959
relative au statut général des fonctionnaires.

1983年7月13日付法律　第83-634号
〈公務員一般身分規定第一編　=　titre I er〉 公務員制度全体を規定
通称ル・ポール法（loi Le Pors）
Loi n° 83-634 du 13 juillet 1983
portant droits et obligations des fonctionnaires.

1996年5月14日付協定
通称ペルベン協定
(protocole Perben)

2000年7月10日付協定
通称サパン協定
(protocole Sapin)

契約公的職員（agent public contractuel）に対し、
期付契約（CDD: contrat à durée déterminée）に加えて、
無期契約（CDI: contrat à durée indéterminée）が正式に取り入れられる

2011年3月31日付協定
通称ソヴァデ協定
(protocole Sauvadet)

非公務員の安定雇用化に関する規定

1945年5月21日付行政法規　第45-1006号
Ordonnance n° 45-1006 du 21 mai 1945
relative à la titularisation des emplois d'auxiliaire temporaire de l'Etat.

1950年4月3日付法律　50-400号
Loi n° 50-400 du 3 avril 1950
portant autorisation de transformation d'emplois et réforme de l'auxiliariat.

1965年6月29日付行政命令　65-528号
Décret n° 65-528 du 29 juin 1965
relatif à la titularisation dans les corps de fonctionnaires de la catégorie D d'agents de l'Etat recrutés en qualité d'auxiliaire.

1976年4月8日付行政命令　76-307号
Décret n° 76-307 du 8 avril 1976
relatif à la titularisation dans les corps de fonctionnaires de la catégorie D d'agents auxiliaires de l'Etat.

1983年6月11日付法律　第83-481号
Loi n° 83-481 du 11 juin 1983
définissant les conditions dans lesquelles doivent être pourvus les emplois civils permanents de l'Etat et de ses établissements publics et autorisant l'intégration des agents non titulaires occupant de tels emplois.

1996年12月16日付法律　第96-1093号
通称ペルベン法（loi Perben）
Loi n° 96-1093 du 16 décembre 1996
relative à l'emploi dans la fonction publique et à diverses mesures d'ordre statutaire.

2001年1月3日付法律　第2001-2号
通称サパン法（loi Sapin）
Loi n° 2001-2 du 3 janvier 2001
relative à la résorption de l'emploi précaire et à la modernisation du recrutement dans la fonction publique ainsi qu'au temps de travail dans la fonction publique territoriale.

2005年7月26日付法律　第2005-843号
通称デュトレイユ法（loi Dutreil）
Loi n° 2005-843 du 26 juillet 2005
portant diverses mesures de transposition du droit communautaire à la fonction publique.

2012年3月12日付法律　第2012-347号
通称ソヴァデ法（loi Sauvadet）
Loi n° 2012-347 du 12 mars 2012
relative à l'accès à l'emploi titulaire et à l'amélioration des conditions d'emploi des agents contractuels dans la fonction publique, à la lutte contre les discriminations et portant diverses dispositions relatives à la fonction publique.

無期契約化（CDIsation）と公務員化（titularisation）の措置を、2018年3月まで延長

2016年4月20日付法律　第2016-483号
公務員の職業倫理、権利、義務に関する法律
Loi n° 2016-483 du 20 avril 2016
relative à la déontologie et aux droits et obligations des fonctionnaires.

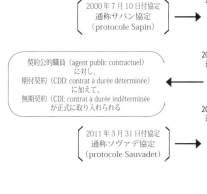

4　非公務員としての図書館員の実態
　　　　　：アンケート調査の結果から

　フランスにおける非公務員としての図書館員は、自らの立場をどのように受け止めているのだろうか。具体的には、どのような問題を抱え、あるいは、何を問題と見做しているのだろうか。非公務員として図書館に勤めることに、利点は何も感じていないのだろうか。それらの疑問について検討するため、当事者による率直な意見や見解を集めてみることにした。フランスの図書館に非公務員として勤める、あるいは勤めた経験をもつ人を対象に、アンケート調査を実施したのである。その概要は以下の通りである。

＜調査概要＞

タイトル　フランスの図書館に勤務する非公務員の実態に関する調査

Enquête sur la situation réelle des agents non-titulaires travaillant dans les bibliothèques françaises.

対象：フランスの図書館における非公務員（あるいはその経験者）

Essentiellement destinée aux bibliothécaires non-titulaires（ou anciens bibliothécaires non-titulaires）

調査期間：2017 年 11 月 6 日〜 2017 年 3 月 29 日

　　　　（ただし、約 95％の回答者が 2017 年 11 月中に回答）[181]

---

181) 2017 年 11 月の回答者数：239 人（94.84%）
　　 2017 年 12 月の回答者数：8 人（3.17%）
　　 2018 年 1 月の回答者数：3 人（1.19%）

方法：オンライン調査（任意回答方式）

回答数：252 人

協力：ブルターニュ＝ペイ・ドゥ・ラ・ロワール図書館員養成センター

Centre de formation aux carrières des bibliothèques - Bretagne - Pays de la
Loire

　同調査の主な目的は、非公務員としての図書館員自身が、自らの立場に対してどのような問題意識を持っているのかを知ること、とりわけ、当事者としての率直な見解を広く集めることであった。そのため、調査方法としては、任意回答方式を採用した。従って、この調査に関しては、回答者の属性に関する量的な分析を行うことに、それほど意味があるというわけでもない。換言すれば、回答者の実態、とりわけ数量ないし割合に関する実態が、フランスにおける非公務員としての図書館員の全体像をそのまま反映しているとは限らない。

　とはいえ、本調査には、ブルターニュ＝ペイ・ドゥ・ラ・ロワール図書館員養成センター（Centre de formation aux carrières des bibliothèques: CFCB）[182] からの協力が得られたことで、結果的に、フランス各地から計 252 人の回答を得ることができた。そこで、回答者の属性等について数量的にも整理してみたところ、

　2018 年 2 月の回答者数：1 人（0.40%）

　2018 年 3 月の回答者数：1 人（0.40%）

182）1987 年から 1988 年にかけて全国計 12 ヶ所に設置された内の一つ。それら 12 ヶ所は、いずれも、大学内に置かれている。図書館員養成地域センター（centre régional de formation aux carrières des bibliothèques: CRFCB）と称されているところや、独自の呼称を持っているところもある＜4＞。これらのセンターは、元々は、1951 年に創設された司書職適性証①（certificat d'aptitude aux fonctions de bibliothécaire: CAFB）取得のための教育を主な目的に設置された。なお、1879 年②にも同名の適性証が創設されているのだが、両者は全く別のものである。

　ともあれ、1951 年創設の司書職適性証が 1994 年③に廃止されたことから、図書館職養成（地域）センターも、その役割を、大きく変更させることとなった。その結果、現在、これらのセンターでは、図書館職を目指す学生や現職者などを対象に、図書館職の全職階に関する外部及び内部競争選抜対策の教育や、継続教育が実施されている。加えて、対象地域の全ての人を対象に、求人情報等、図書館や文書に関わる職をめぐる情報の提供が実施されている。

　① Arrêté du 17 septembre 1951 前掲 24）②

　② Arrêté du 23 août 1879 前掲 24）①

　③ Arrêté du 24 novembre 1994 abrogeant l'arrêté du 5 mai 1989 modifié fixant les modalités de délivrance et le programme du certificat d'aptitude aux fonctions de bibliothécaire.

4　図書館職養成（地域）センター　Centre (régional) de formation aux carrières des bibliothèques: CRFCB

センター名（呼称）	創設時期	設置大学（場所）	所在地（都市名）	サービス対象地域圏（2015年12月まで）	サービス対象地域圏（2016年1月より）
メディアケティーヌ Médiaquitaine	1987年9月1日	ボルドー大学 Université de Bordeaux	グラディニャン Gradignan	アキテーヌ Aquitaine	アキテーヌ＝リムーザン＝ポワトゥー＝シャラント Aquitaine-Limousin-Poitou-Charentes
メディア・サントル＝ウエスト Média Centre-Ouest	1987年9月	ポワチエ大学（1997年より）＋リモージュ大学（それ以前）Université de Poitiers (depuis 1997) (+ Université de Limoges (à l'origine))	ポワチエ（リモージュ）Poitier (Limoges)	サントル＝ヴァル・ド・ロワール、リムーザン、ポワトゥー＝シャラント Centre-Val de Loire, Limousin, Poitou-Charentes	同上 ＋ サントル＝ヴァル・ド・ロワール Centre-Val de Loire
(CFCB・ブルターニュ＝ペイ・ドゥ・ラ・ロワール) CFCB Bretagne - Pays de la Loire	1988年11月10日	レンヌ第2大学（1996年12月より）ル・マン大学（1996年12月まで）Université Rennes2 (depuis décembre 1996) (Université du Mans (jusqu'à décembre 1996))	レンヌ（ル・マン）Rennes (Le Mans)	ブルターニュ、ペイ・ド・ラ・ロワール Bretagne, Pays de la Loire	同左
メディア・ノルマンディ Média Normandii	1987年9月1日	ノルマンディー大学 Normandie Université	カーン Caen	バス・ノルマンディー、オート・ノルマンディー Basse Normandie. Haute Normandie	ノルマンディー Normandie
メディアディクス Médiadix	1987年9月	パリ・ウエスト・ナンテール・デファンス大学（パリ第10大学）Université Paris Ouest Nanterre La Défense	サン＝クルー Saint-Cloud	イル＝ド＝フランス、海外県と海外領土 Ile-de-France. DOM-TOM	同左
メディアリール Médialille	1987年9月1日	シャルル・ド・ゴール＝リール第3大学 Université Charles de Gaulle - Lille 3	ヴィルヌーヴ＝ダスク Villeneuve d'ascq	ノール＝パ＝ド＝カレー、ピカルディ Nord-Pas-de-Calais, Picardie	ノール＝パ＝ド＝カレー＝ピカルディ（顧称ノール＝ピカルディ）Nord-Pas-de-Calais-Picardie (abrégé Nord-Picardie)
メディアル Médial	1988年9月1日	ロレーヌ大学 Université de Lorraine	ナンシー Nancy	アルザス、シャンパーニュ＝アルデンヌ、ロレーヌ Alsace. Champagne-Ardenne. Lorraine	アルザス＝シャンパーニュ＝アルデンヌ＝ロレーヌ Alsace-Champagne-Ardenne-Lorraine
ビブリエスト Bibliest	1988年10月1日	ブルゴーニュ大学 Université de Bourgogne	ディジョン Dijon	ブルゴーニュ、フランシュ＝コンテ Bourgogne. Franche-Comté	ブルゴーニュ＝フランシュ＝コンテ（略称：BFC）Bourgogne-Franche-Comté (abrégée BFC)
メディア・ローヌ＝アルプ/グルノーブル支部 Médiat Rhône-Alpes - site de Grenoble	1987年9月20日	ピエール＝マンデス＝フランス大学（グルノーブル第2大学）Université Pierre-Mendes-France (Grenoble II)	グルノーブル Grenoble	ローヌ・アルプ Rhône Alpes	オーヴェルニュ＝ローヌ・アルプ Auvergne-Rhône-Alpes
メディア・ローヌ＝アルプ/リヨン支部 Médiat Rhône-Alpes - site de Lyon		リヨン第1大学図書館 Bibliothèque Universitaire Sciences Lyon 1	ヴィルールバンヌ Villeurbanne		
ビブリオオーヴェルニュ BibliAuvergne	1987年9月1日	ブレーズ＝パスカル大学 Université Blaise-Pascal	クレルモン＝フェラン Clermont-Ferrand	オーヴェルニュ Auvergne	
CRFCB・デクス＝マルセイユ CRFCB d'Aix-Marseille	1987年9月18日	エクス＝マルセイユ大学 Aix Marseille Université	マルセイユ Marseille	プロヴァンス＝アルプ＝コート・ダジュール、コルス Provence-Alpes-Côte d'Azur, Corse	同左
メディアドック Médiad'Oc	1988年10月1日	トゥールーズ・ミディ＝ピレネー大学連合 Université Fédéralele de Toulouse Midi-Pyrénées	トゥールーズ Toulouse	ラングドック＝ルシヨン、ミディ＝ピレネー Languedoc-Roussillon, Midi-Pyrénées	ラングドック＝ルシヨン＝ミディ＝ピレネー Languedoc-Roussillon-Midi-Pyrénées

4.1　回答者の属性

いくつかの注目すべき特徴が観察された。

4.1-1　回答者の内訳

	人数	%
BM 注 1)	110	43.7
BC 注 2)	11	4.4
県の図書館	4	1.6
大学図書館	114	45.2
BNF 注 3)	3	1.2
その他	10	4.0
計	252	100.0

注 1）BM: bibliothèque municipale ou intercommunale コミューン及びコミューン連合の図書館（BC を除く）
注 2）BC: bibliothèque classée 指定図書館
注 3）BNF: Bibliothèque nationale de France フランス国立図書館

4.1　回答者の属性

・職階及び所属機関

　回答者が属する公務員制度および職階に関する内訳は、＜ 4.1-2 ＞に示した通りであった。回答時点で非公務員である場合にはその時点の状況を、また、そうでない場合には非公務員として図書館に勤めていた最後の時点における状況を尋ねた結果である。

　先の章でも示したように、フランスの公的職員は、地方では職階 C が 75％以上を占めており、職階 A は 10％未満である。職階 C が最も多く、職階 A が最も少ないという状況は、契約公的職員でも同様となっている。そして、この状況は、図書館職でも変わらない。ただし地方の図書館職は、地方の他の職種に比べると、公務員と契約公的職員のいずれにおいても、職階 B の割合が相対的に多く、職階 C の割合が相対的に少なくなっている。しかしながら、職階 A は、公務員と契約公的職員のいずれにおいても 10％未満であり、地方の公的職員全体の傾向と変わらなかった。そして、今回の調査でも、同様の結果が観察された。すなわち、今回の調査でも、地方の非公務員としての図書館職は、職階 C が約 67.6％、職階 A は 3.9％に過ぎなかった。

　同じく先の章でも示したように、フランスの公的職員は、国家では、軍の職

4　非公務員としての図書館員の実態：アンケート調査の結果から

4.1-2　回答者の職階及び性別内訳

	男性		女性		N/A		計
	人数	％	人数	％	人数	％	人数
国 A	4	20.0	16	80.0	0	0.0	20
国 B	7	15.6	38	84.4	0	0.0	45
国 C	14	19.4	55	76.4	3	4.2	72
国計	25	18.2	109	79.6	3	2.2	137
地方 A	1	25.0	3	75.0	0	0.0	4
地方 B	5	17.2	24	82.8	0	0.0	29
地方 C	10	14.5	58	84.1	1	1.4	69
地方計	16	15.7	85	83.3	1	1.0	102
その他	1	7.7	12	92.3	0	0.0	13
計	42	16.7	206	81.7	4	1.6	252

員を除いても職階 A が 60％ 以上と最も多く、職階 B と C はいずれも 20％ 弱であった。ただし、契約公的職員に関しては、職階による差はあまり見られなかった。しかし、図書館職の場合には、国の公的職員全体とは異なる傾向がみられ、のみならず、所属機関ごとにも異なる傾向が観察された。すなわち、フランス国立図書館では、非公務員の割合は職階 A が最も高く、職階 C は僅かであった。それに対して、大学に代表される高等教育機関の図書館では、非公務員の割合は職階 C が最も高く、職階 A が最も低かった。一方、今回の調査では、国の場合、職階 A、B、C の割合は、順に、14.6％、32.8％、52.6％ であった。ただし、＜ 4.1-1 ＞に示したように、回答者の内、フランス国立図書館に勤めている人は 3 人で回答者全体の 1.2％ にすぎず、国の図書館に非公務員として勤める、または勤めた経験を持つ人の圧倒的大多数の所属機関は大学図書館であった。したがって、職階 C が最も多く、職階 A が最も少ないのは、そのためであると思われる。

・性別

　日本と同様フランスでも、公務員か非公務員かにかかわらず、図書館職には女性が多いと言われている。本調査でも、この通説を大きく反映した結果となった。実際、回答者全体の性別に関する属性は、男性が 16.7％、女性が 81.7％ であった。試みに、国と地方、そして、それぞれの職階ごとにこの割合を求めてみたのだが、顕著な差は見られなかった。すなわち、国か地方かにかかわらず、い

4.1 回答者の属性

ずれの職階においても、約8割を女性が占めていた。具体的には、＜ 4.1-2 ＞
に示した通りである。

・年齢

　回答者の年齢に関する属性およびその内訳は、＜ 4.1-3 ＞に示した通りであっ
た。全体として約65%が35歳未満、約76%が40歳未満の比較的若い世代に
属していた。地方の職階Aは100%、また、地方の職階Bは約97%が40歳未
満であった。一方、50歳以上は、全体として約3.6%、最も多い国の職階Aで
も5%であった。

　なお、先述のように、回答者の中には、すでに公務員の地位を得ているなど、
回答時点で非公務員でない人も含まれる。そこで、回答時点で非公務員ないしは、
図書館の職を求職中であった人のみを対象に、同様の内訳を調べてみた。その結
果、比較的若い世代に属する傾向がさらに強く観察された。すなわち、約70%
が35歳未満、約80%が40歳未満であった。

　以上のように、少なくとも本調査の結果から判断する限りにおいて、非公務
員としての図書館員は、比較的若い世代に集中しているものと思われる。

・学歴

　回答者の学歴に関する属性およびその内訳は、＜ 4.1-4 ＞に示した通りであっ
た。先の章でも述べたように、現在、フランスの公務員は、国か地方かにかか
わらず、いずれの職階でも、必要とされる以上の学歴資格を持っていることが
多いという。この事態は図書館職でも変わらない。一方、今回の調査結果から
判断する限りにおいて、少なくとも図書館職に関しては、非公務員でも、同様
の傾向が見られることが判明した。

　例えば、職階Cに関しては、最下位の級では学歴資格を必要とせず、それ以
外の級でも必要とされるのは、中学校修了[183]ないしそれに相当する学歴資格と

─────────────
183) フランスの義務教育は6歳から16歳までで、計算上、高校1年目終了までということになる。
　　しかし、16歳に達した時にどの段階まで修めたかは問われない。また、中学校（collège）での修学

4.1-3　回答者の年齢別内訳

	～19歳		20-24歳		25-29歳		30-34歳		35歳未満	35-39歳		40歳未満	40-44歳		45歳以上	45-49歳		50歳以上	50-54歳		55-59歳		60歳～		N/A		計
	人数	%	人数	%	人数	%	人数	%	%	人数	%	%	人数	%	%	人数	%	%	人数	%	人数	%	人数	%	人数	%	人数
国A	0	0.00	1	5.00	9	45.00	1	5.00	55.00	2	10.00	65.00	6	30.00	5.00	0	0.00	5.00	0	0.00	0	0.00	1	5.00	0	0.00	20
国B	0	0.00	1	2.22	19	42.22	12	26.67	71.11	6	13.33	84.44	3	6.67	8.89	3	6.67	2.22	1	2.22	0	0.00	0	0.00	0	0.00	45
国C	0	0.00	3	4.17	21	29.17	23	31.94	65.28	6	8.33	73.61	10	13.89	11.11	6	8.33	2.78	2	2.78	0	0.00	0	0.00	1	1.39	72
国計	0	0.00	5	3.65	49	35.77	36	26.28	65.69	14	10.22	75.91	19	13.87	9.49	9	6.57	2.92	3	2.19	0	0.00	1	0.73	1	0.73	137
地方A	0	0.00	0	0.00	0	0.00	3	75.00	75.00	1	25.00	100.00	0	0.00	0.00	0	0.00	0.00	0	0.00	0	0.00	0	0.00	0	0.00	4
地方B	0	0.00	0	0.00	14	48.28	11	37.93	86.21	3	10.34	96.55	0	0.00	3.45	0	0.00	3.45	0	0.00	0	0.00	1	3.45	0	0.00	29
地方C	1	1.45	10	14.49	20	28.99	10	14.49	59.42	7	10.14	69.57	10	14.49	15.94	8	11.59	4.35	1	1.45	2	2.90	0	0.00	0	0.00	69
地方計	1	0.98	10	9.80	34	33.33	24	23.53	67.65	11	10.78	78.43	10	9.80	11.76	8	7.84	3.92	1	0.98	2	1.96	1	0.98	0	0.00	102
その他	0	0.00	4	30.77	0	0.00	0	0.00	30.77	4	30.77	61.54	1	7.69	30.77	3	23.08	7.69	0	0.00	1	7.69	0	0.00	0	0.00	13
計	1	0.40	19	7.54	83	32.94	60	23.81	64.68	29	11.51	76.19	30	11.90	11.51	20	7.94	3.57	4	1.59	3	1.19	2	0.79	1	0.40	252

4.1-4　回答者の学歴内訳

	bac以下		bac (注1)		bac+1		bac+2		bac+3 (注2)		bac+4 (注3)		bac+5 (注4)		bac+6		bac+7		bac+8 (注5)		N/A		計
	人数	%	人数	%	人数	%	人数	%	人数	%	人数	%	人数	%	人数	%	人数	%	人数	%	人数	%	人数
国A	0	0.00	0	0.00	0	0.00	0	0.00	2	10.00	1	5.00	16	80.00	0	0.00	0	0.00	1	5.00	0	0.00	20
国B	0	0.00	0	0.00	0	0.00	2	4.44	16	35.56	5	11.11	21	46.67	0	0.00	0	0.00	1	2.22	0	0.00	45
国C	0	0.00	6	8.33	1	1.39	8	11.11	25	34.72	5	6.94	25	34.72	1	1.39	0	0.00	0	0.00	1	1.39	72
国計	0	0.00	6	4.38	1	0.73	10	7.30	43	31.39	11	8.03	62	45.26	1	0.73	0	0.00	2	1.46	1	0.73	137
地方A	0	0.00	0	0.00	0	0.00	0	0.00	2	50.00	1	25.00	0	0.00	0	0.00	0	0.00	1	25.00	0	0.00	4
地方B	0	0.00	1	3.45	0	0.00	1	3.45	13	44.83	5	17.24	9	31.03	0	0.00	0	0.00	0	0.00	0	0.00	29
地方C	2	2.90	5	7.25	1	1.45	12	17.39	31	44.93	4	5.80	13	18.84	0	0.00	0	0.00	0	0.00	1	1.45	69
地方計	2	1.96	6	5.88	1	0.98	13	12.75	46	45.10	10	9.80	22	21.57	0	0.00	0	0.00	1	0.98	1	0.98	102
その他	0	0.00	3	23.08	0	0.00	3	23.08	2	15.38	3	23.08	2	15.38	0	0.00	0	0.00	0	0.00	0	0.00	13
計	2	0.79	15	5.95	2	0.79	26	10.32	91	36.11	24	9.52	86	34.13	1	0.40	0	0.00	3	1.19	2	0.79	252

注1) バカロレア（baccalauréat）。中等教育レベルの修了を証明し、大学入学資格ともなる。しばしば「bac」と略記される。
注2) 学士（licence）に相当する。
注3) （旧課程の）修士であるメトリーズ（maîtrise）に相当する。
注4) 新課程の修士（master）に相当する。
注5) 博士（doctorat）に相当する。

4.1　回答者の属性

なっている。しかし調査の回答者は、国の職階 C は全ての人が最低でもバカロレア（baccalauréat）資格を持っており、地方の職階 C も、学歴資格がバカロレア以下の人はわずかに 2 人、約3%に過ぎなかった。また、その内 1 人は、フランス図書館員協会（Association des bibliothécaires de France: ABF）[184] による養成教育を受けていた。

　一方、職階 C であるにもかかわらず、学士（licence）に相当する bac+3 ないしそれ以上の学歴資格を持つ人が、国では約 78%、地方では約 70% 存在した。新課程 [185] の修士（master）に相当する bac+5 ないしそれ以上の学歴資格を持つ人も、国では約 36%、地方では約 19% 存在した。

　同様の傾向は、職階 B でも観察された。というのも、職階 B で必要とされる学歴資格は、最下位の級がバカロレア、また、それ以外の級が bac+2 であり、

　期間を終えても、中学校修了証が認定されるとは限らない。

184）1906 年創設の、フランスで最も古くから存在する図書館関係の全国組織で、館種や地位等にかかわらずフランスの図書館及び図書館関係者全般を対象とする唯一の協会。創設百年目に相当する 2006 年に協会名を「Association des bibliothécaires français」から現在の名称へと改称した。活動の一環として、図書館職教育にも携わり、その主な対象は、図書館職関係の専門教育を受けた経験を持たないか、あるいは、図書館職関係の何らかの免状を持たないまま、図書館で有給ないしはボランティアとして働く現職者となっている。同協会による図書館補佐資格（auxiliaire de bibliothèque）は、先述（注 102）の職業資格国定基準一覧（RNCP）にも登録され、資格の保持者は、図書館職の内、とりわけ職階 C の競争選抜において考慮される。

185）フランスにおける大学の課程（cycle）は、欧州高等教育圏の学位区分に合わせて実施されたいわゆる LMD（licence：学士、master：修士、doctorat：博士）改革により、大きく変更された。同改革は、2002 年の行政命令①に基づいて、主として 2003 年から 2006 年にかけて実施された。
現在の過程は、3 年間の第 1 期課程、2 年間の第 2 期課程、そして 3 年間の第 3 期課程から構成されている。それぞれの課程修了を証明する免状（diplôme）として、順に、学士（licence）、修士（master）、博士（doctorat）が設けられ、それらの取得者には、いずれも同名の学位（grade）が授与されることとなっている②。
しかし、それ以前のフランスにおいて、大学の課程は、2 年間の第 1 期課程、2 年間の第 2 期課程、そして 1 年間ないし 4 年間の第 3 期課程から構成されていた。学士免状及び学位は第 1 期課程の修了時ではなく、第 2 期課程一年目の修了時に授与されることとなっていた。とはいえ、新課程と同様に、旧課程でも、学士免状及び学位は、バカロレア取得 3 年後、つまり bac+3 で授与されることとなっていた。また、博士免状及び学位も、新課程と同様、旧課程でも、bac+8 で授与されることとなっていた。一方、旧課程の修士免状は、第二期課程の修了時、すなわち、新課程よりも 1 年早い bac+4 で授与されることとなっていた。名称も、現行のマスター（master）ではなく、メトリーズ（maîtrise）であった。そして、旧過程においては同名の学位、つまり、修士学位なるものは存在してなかった。
① Décret n° 2002-481 du 8 avril 2002 relatif aux grades et titres universitaires et aux diplômes nationaux.; Décret n° 2002-482 du 8 avril 2002 portant application au système français d'enseignement supérieur de la construction de l'Espace européen de l'enseignement supérieur.
② Article L612-1 du code de l'éducation

いずれにせよ、学士（licence）に相当する bac+3 は必要としないこととなっている。しかし、今回の調査の回答者の場合、国の職階 B は、約 96% が bac+3 以上、また、約 49% が bac+5 以上を持っており、一方、地方の職階 B も約 93% が bac+3 以上、また約 31% が bac+5 以上を持っていた。

　いずれにせよ、今回実施した調査結果から判断する限りにおいて、少なくとも図書館職に関しては、非公務員でも、それぞれの職階に必要とされる以上の学歴資格を持っている傾向にあるのではないかと思われる。

・雇用形態

　回答者の雇用形態に関する属性およびその内訳は、＜ 4.1-5 ＞に示した通りであった。注目すべきは、かつて非公務員として図書館に勤めていたものの、回答時点で公務員の地位を得ていた人が、252 人中 46 人、すなわち回答者の約 18.3% 存在していたことである。

　それに加え、公務員競争選抜に合格して間もない等、回答時点で、近く公務員となることがほぼ確実な状態にある人が 5 人存在した。それらの中には、国家の職階 A に合格し、国立図書館情報学高等学院（École nationale supérieure des sciences de l'information et des bibliothèques: ENSSIB）で、公務員研修生として報酬を受けながら初任者研修を受けている人もいた。ともあれ、それら 5 人を先の

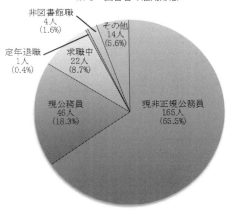

4.1-5　回答者の雇用形態

4.1　回答者の属性

46人に加えると、計51人、約20.2％ということになる。のみならず、かつて
は契約公的職員として大学図書館に勤めていたが、私立の機関で文書管理に携
わる正規職員としての地位を得たという人もいた。

　先にも述べたように、たしかに今回の調査では、回答者の数量ないし割合に
関する実態が、フランスの全体像をそのまま反映しているとは限らない。しか
しながら、フランスの非公務員としての図書館職は、少なくとも日本の非公務
員としての図書館職に比べると、公務員の地位を得る可能性が極めて高いとい
うことだけは確かである。

・契約の種類

　先の章でも述べたように、フランスでは、非公務員にも、公法（droit public）
上の職員、すなわち身分規定外公的職員と、私法（droit privé）上の職員とが存
在し、前者の大部分は、契約公的職員（agent public contractuel）である。契約公
的職員にも、無期契約（CDI: contrat à durée indéterminée）の職員と期付契約（CDD:
contrat à durée déterminée）の職員とが存在し、無期契約の職員は、準公務員
（quasi-fonctionnaire）と言われていることについても、すでに述べた通りである。

　そこで今回の調査でも、回答者が回答時点で非公務員として図書館に勤めて
いる場合は回答時点の、そうでない場合は非公務員として図書館に勤めていた
最後の時点での、契約の種類について尋ねてみた。具体的には、公法上の契約
なのか私法上の契約なのか、また、前者の場合は無期契約なのか期付契約なの
か等について尋ねてみたのである。

　その結果、＜ 4.1-6 ＞にも示したように、職階が特定できなかった人を除くと、
国か地方か、また、いずれの職階かにかかわらず、公法上の職員が約8割ない
しはそれ以上を占めていた。そして、同じく職階が特定できなかった職員を除
くと、国か地方か、また、いずれの職階かにかかわらず、期付契約の職員が公
法上の職員の約9割ないしはそれ以上を占めていた。

　一方、公法上の職員の内、無期契約の職員は計11人、すなわち、全回答者
252人中約4.4％、公法上の職員全216人中約5.1％であった。そして、それら

110

4　非公務員としての図書館員の実態：アンケート調査の結果から

4.1-6　回答者の契約種別内訳

| | 公法上の非公務員 | | | | | | | | 私法上の非公務員 | | その他 | | 計 |
| | 無期契約 | | 期付契約 | | その他 | | 計 | | | | | | |
	人数	%	人数	%	人数	%	人数	%	人数	%	人数	%	人数
国A	2	10.0	16	80.0	0	0.0	18	90.0	1	5.0	1	5.0	20
国B	1	2.2	43	95.6	0	0.0	44	97.8	1	2.2	0	0.0	45
国C	5	6.9	55	76.4	2	2.8	62	86.1	9	12.5	1	1.4	72
国計	8	5.8	114	83.2	2	1.5	124	90.5	11	8.0	2	1.5	137
地方A	0	0.0	4	100.0	0	0.0	4	100.0	0	0.0	0	0.0	4
地方B	0	0.0	26	89.7	0	0.0	26	89.7	3	10.3	0	0.0	29
地方C	2	2.9	50	72.5	3	4.3	55	79.7	10	14.5	4	5.8	69
地方計	2	2.0	80	78.4	3	2.9	85	83.3	13	12.7	4	3.9	102
その他	1	7.7	3	23.1	3	23.1	7	53.8	2	15.4	4	30.8	13
計	11	4.4	197	78.2	8	3.2	216	85.7	26	10.3	10	4.0	252

11 人の中に、回答時点で公務員である人や、近く公務員となることがほぼ確実な状態にある人、換言すれば先述の 51 人は含まれていなかった。従って、その 51 人とこれら 11 人を合わせて、計 62 人、全回答者の約 24.6%、すなわち、およそ 4 人に 1 人が、公務員ないしは準公務員としての地位を得たか、あるいは得ることが確実な状態にあったということになる。この結果からも、フランスの非公務員としての図書館職には、少なくとも、日本で非公務員として勤めている図書館職に比べると、公務員ないし準公務員、すなわち、公務員ないしそれとほぼ同等の権利を得る機会がはるかに多く存在しているものと判断できる。

　なお、同じく先の章でも述べたように、現在、フランスの非公務員の内、私法上の職員の多くは、援助型契約（contrat aidé）による職員か、あるいは、実習型契約（contrat d'apprentissage）による実習生ということである。一方、今回の調査では、私法上の職員計 26 人の内、援助型契約であることが確実な職員が 6 人、加えて、おそらく援助型契約ないしは実習型契約であると判断できる職員が 2 人いたのだが、それ以外の職員の具体的な契約については確かめることができなかった [186]。

186）多くの人が、期付契約とだけ答えていた。

4.2 利点と欠点

　自由記述方式で、非公務員として図書館に勤めることの欠点と、もし利点があるとするなら、それは何かについても尋ねてみた。

・不安定な立場

　欠点として最も多く指摘されていた事柄は、不安定さについてであった。序章でも触れたように、フランスの図書館関係者の間では、非公務員の図書館職員を指す呼称として、ビブリオプレケール（biblioprécaire）なる造語、すなわち、図書館員を表すビブリオテケール（bibliothécaire）と、雇用等が不安定な状態を表すプレケール（précaire）を合わせた造語が出回っているという。実際、今回の調査でも、全回答者 252 人の内 78 人、約 31.0％が、「précaire」やその名詞形である「précarité」等の言葉を用いて立場の不安定さを訴えていた。

　○本当に不安定（précaire）です。公務員と同じような利点はありません。私たちは、取り替え可能ですし、また、取り替えられる運命なので、組織内での決定において影響力はあまりなく、雇用の安定もありません。
　（1992 年生女性。職階 A。国立科学研究センター（Centre national de la recherche scientifique: CNRS）で期付契約職員として勤めた後、現在求職中。）

　○私の考えでは、主な欠点は、雇用が不安定（précarité）であるということです。私たちは競争選抜に合格していないので、安定した雇用を得ることができないのです。そして、残念なことに、毎年公開される職は十分ではありません。職務に関しては、大きな違いはないと思います。
　（1991 年生女性。職階 C。大学図書館期付契約職員。）

4　非公務員としての図書館員の実態：アンケート調査の結果から

○私たちは、退職や産休などによって職場に補充の必要性が発生した際の代
　替要員として、偶発的な期間の契約を提案されます。この事態が、とても
　不安定（précaire）なのです。
（1986年生女性。職階B。大学図書館期付契約職員）

　自由記述欄に、ただ一言「précarité」とだけ記入した回答者も計5名存在し、
計2名は、「不安定雇用（précarité d'emploi）」とだけ書いていた。「précaire」や
「précarité」等、その派生語を用いてはいないものの、別の言葉や表現[187]で立
場の不安定さを指摘していると判断できる回答も多くあり、それらも合わせる
と、少なくとも計182人、すなわち72.2%がこの問題を挙げていた。

・給与について

　ただし、何をもって不安定とみなすのか、その具体的内容に関しては、日本
とは異なった傾向が読み取れた。日本の場合、図書館の非正規職員が抱える問
題として、必ず指摘される事の一つは、収入の低さについてであろう。実際、
日本においては、図書館の非正規職員が、いわゆる「官製ワーキングプア」の
典型と見なされていることについても、先に述べたとおりである。
　たしかに今回の調査でも、複数の回答者が、欠点として給与や特別手当等の
問題を挙げていた。しかし、それらは計55名、全回答者の21.8%、不安定さを
指摘する回答の30.2%にすぎなかった。また、それらの中には、収入の低さを
指摘している回答が少なからずあったことも事実である。とはいえ、その詳細
を検討すると、同じ段階に任用された公務員に比べて、より低いということで
もないらしい。

○給与表で最も低い賃金です。長期にわたる展望を持つことはできません。
（1977年生女性。職階B。大学図書館期付契約職員）

187）不安定（instabilité）、不確かさ（incertitude）、雇用不安（insécurité de l'emploi）、不安（angoisse）
　　等の言葉を用いたり、あるいは、人生設計や将来計画が困難である旨を指摘している回答など。

113

4.2　利点と欠点

　　○雇用の安全がなく、利点などありません。最小限の給与です。

　　（1990 年生女性。職階 C。コミューン（連合）図書館期付契約職員）

　これらの内、前者の給与指数は不明であるが[188]、後者は職階 C で給与指数は
351 とのことである。この指数は、職階 C 最下位の級の下から 3 段階目の号、
あるいは、職階 C 中間の級[189] の最も低い号の指数に相当する。ということは、
たしかに、「給与表で最も低い」、ないしは、それよりはやや高い程度の給与で
はあるものの、同じ段階の公務員と非公務員との間で、「給与表」自体に格差が
あるわけではないということになる。実際、たとえば、次のような回答も存在
する。

　　○仕事を始めたばかりの職階 C よりは高い賃金です。

　　（1993 年生女性。職階不明。パリの図書館期付契約職員）

　　○非公務員（期限の 1 ヶ月前にならないと更新できない 1 年の期付契約）で
　　　不安定です。けれども公務員よりは高い給料です（60€ 分。しかし、今は
　　　それでも大きいですが・・・）。

　　（1993 年生女性。職階 C。コミューン（連合）図書館期付契約職員）

　先の章でも述べたように、公務員は、国家なら職団（corps）、地方なら職群（cadre
d'emploi）に設けられた級（grade）に正式に任用（titulariser）される。それに対して、
非公務員の大部分を閉める契約公的職員（agent public contractuel）は、それらの
級に、任用ではなく公法上の契約によって配属される。各級には、序列化され
た複数の号（échelon）が設けられ、号に従って報酬を決定する号俸制が採用され

188）今回の調査では、給与指数を尋ねる質問項目も設けた。ただし、回答率は低く、把握していない、
　　知らない等と答えている回答も多くあった。
189）既述のように、図書館職には、国家、地方共、職階 C に三段階の級が設けられている。

114

ている。号俸規定は、行政命令で規定されている。関係法規類から判断しても、同じ段階に任用ないし配属された公務員と非公務員で、給与指数に差があるとも考えにくい。

・**契約可能な級について**

となると問題は第一に、より高い段階の契約で勤めることが難しいということになろう。

○要求される任務や携わる職務に比べて、より低い級で雇用されます。そのため、職階 A がするべき職務に携わっているにもかかわらず、職階 C の給与を受けています。

（1989 年生女性。職階 C。コミューン（連合）図書館無期契約職員）

○（休暇や賃金など）権利が非常に少なく、職階 B の仕事なのに職階 C の地位です。

（生年未回答、女性。職階 C。大学図書館期付契約職員）

しかしながら、例えば、次のような回答も存在した。

○更新できない契約です。不安定ですが、より高い職階にいることができます。

（1984 年生女性。職階 C。コミューン（連合）図書館　支援雇用型契約（CAE）職員）

○利点は、移動できることと、様々な職階の仕事を経験できることです。

（1986 年生男性。職階 B。大学図書館期付契約職員）

○国家の公務員職の中で、図書館職の職階 B、次いで職階 A、その後、職階 C となりました。

（1984 年生女性。職階 C。大学図書館無期契約職員）

4.2 利点と欠点

○利点、それは、すべての職階の仕事に就けることだけです。
（1992 年生女性。職階 B。コミューン（連合）図書館期付契約職員）

　先の章でも述べたように、フランスの公的職務は、責任の度合や、公務員の
外部競争選抜を受ける際に必要な学歴資格に応じて、A、B、C と 3 種の職階に
分類されている。しかし、実際には、いずれの職階に関しても、外部競争選抜
の志願者は、必要とされる以上の学歴資格を持っていることが多いという。そ
して、図書館職は、この傾向が著しい。すなわち、より高い段階の職務に就く
ことが難しいという状況は、公務員でも同様ということになる。のみならず、
上掲の回答によれば、非公務員の立場の方が、より高い段階で勤める機会を得
る可能性が高い場合もあるということになる。

・昇給について
　非公務員の収入に関係する問題としては、第二に、昇号できない、ないしは
昇号が困難であるという事態も、指摘されていた。

○賃金が低い（つまり、昇号できない）
（1993 年生男性。職階 A。大学図書館期付契約職員（養成担当））

○給与、（号俸）指数、号が上がらず、雇用が不安で不安定。
（1982 年生女性。職階 B。大学区書館期付契約職員）

○私にとって主な欠点は、雇用の安定がないこと、公務員制度の中で給与面
　でも職業的にも段階を上がっていけないことです。
（1984 年生女性。職階 A。コミューンの図書館で期付契約職員として 5 年半勤めた後、
国家公務員としての図書館職・職階 A に合格）

116

とはいえ、全く昇号及び昇給できないというわけでもないらしい。

○大きな欠点は、期付契約なので不安定な状態に置かれていること、そして、他の人と同じくらいの早さで昇給しないことです。
（1992 年生女性。職階 B。コミューン（連合）図書館期付契約職員）

○毎年、契約が更新されるか不確実です。（それを除けば、私の地方公共団体では、昇号や年末賞与、その他の報酬などに関して、契約職員を公務員のように扱います。）
（1984 年生女性。職階 B。コミューン（連合）図書館期付契約職員）

同じく先の章でも述べたように、公務員の場合、昇号は権利として認められている。一定期間勤めることで、より高い号へと昇号していくことができるのである。当然のことながら、昇号に伴って昇給していくことになる。一方、期付契約の職員は、その契約期間が限られていることから、昇号およびそれに伴う昇給が困難と判断できる。

・公務員化ないし準公務員化
しかしながら、たとえ契約職員でも、無期契約の場合、この事態は当てはまらないということになる。

○私は無期契約なので、（公務員と）あまり違いはありません。
（1971 年生男性。職階 C。大学図書館無期契約職員）

無期契約の公的職員は、公務員とほぼ同等の権利及び義務を有することから、準公務員の状態にあると言われていることについても、先の章で述べた通りである。そのため、多くの期付契約職員は、公務員、ないしは無期契約を目指しているのである。

4.2 利点と欠点

○運良く無期契約になれました。
（1951 年生女性。職階 A。大学図書館で無期契約職員として勤めた後、定年退職）

○それ（非公務員となったこと）により、私は公務員になることができましたし、私の職業経歴を通じた発展につながりました。
（1962 年生女性。職階 B。コミューン（連合）図書館で育児休暇代理の期付契約職員として勤めた後、地方公務員としての図書館職に合格）

職業教育を受けながら、契約職員として働く仕組みを評価する声もあった。

○賞与はありませんし、雇用の保証もありません。けれども、その代わりに、雇用者の費用負担により、より容易に職業教育を受けることができます。
（1991 年生女性。職階 C。コミューン（連合）図書館　参入型統一契約（CUI）職員）

○職業教育を受け、公務員競争選抜の準備ができるなど、援助型契約には利点がありました。
（1961 年生女性。職階 C。技術大学部（IUT）[190] で契約職員として勤めた後、現在は公務員としての図書館職）

　今回の調査でも、全回答者のおよそ 4 人に 1 人が、公務員または準公務員としての地位を得たか、あるいは、得ることが確実な状態となっていた。たしかに、今回の調査では、回答者の実態が、フランスおける全体像をそのまま反映しているわけではない。それでも、フランスの非公務員としての図書館職は、少なくとも日本の非正規としての図書館職に比べると、公務員か準公務員となる機会がはるかに多いことだけはたしかである。

---

190) institut universitaire de technologie: IUT。大学に付属する教育研究施設。職業に深く結びついた技術や知識を学ぶ 2 年間の課程で、修了することで、技術大学部免状（diplôme universitaire de technologie: DUT）が授与される。

・自由な立場

　この状況下、非公務員であることは、その自由な立場が肯定的に捉えられることさえある。今回の調査でも、非公務員として図書館に勤めることに利点があると答えた回答者は全部で 77 名、約 30.6% いたのだが、その内、62 人、約 80.5% が、多様な経験ができる、容易に職場を変更できるなど、自由な立場であることを利点としてあげていた。

　○問題があれば、失業保険をもらって仕事を変える権利があります。競争選抜を受けなくても仕事に就くことできます。多様な仕事や経験ができます。つまり、自由なのです。
　（1988 年生男性。職階 B。コミューン（連合）図書館　参入型統一契約 - 支援雇用型契約（CUI-CAE）職員）

　○私は競争選抜を受けていません。そのため、私は公務員になることができません。その代わり、私は自分で仕事を選びました。つまり、非公務員でいることで自由を保っているのです。
　（1992 年生女性。職階 A。大学図書館期付契約職員）

　○例えば仕事仲間、利用者、組織など、気に入らなければ図書館をかわることができます。とても豊かな、職業上の最初の経験となります。非公務員の図書館職であることで、私は、公務員の図書館職ほどの責任を負うことなしに、この仕事全体について学び続けることができるのです。それが、利点です。
　（1996 年生女性。職階 C。コミューン（連合）図書館期付契約職員）

　○異なった部署で経験を重ねていくことができます。というのも、任務はとても多様だからです。様々な経験や、人との出会いにおいて、非常に豊か

4.2 利点と欠点

で変化に富んだ任務です。

（1959 年生女性。職階 C。コミューン（連合）図書館期付契約職員）

○私には利点は一つしか思いつきません。それは経験を積めるということです。

（1988 年生女性。職階 B。コミューン（連合）図書館期付契約職員）

・利点の限界

とはいえ、多くの回答者が、非公務員は、公務員か準公務員等、安定した地位を得るまでの限られた期間における立場とみなしていることが伺えた。

○競争選抜に合格するまでの間、様々に異なる職務を移動していくことができます。

（1991 年生女性。職階 B。コミューン（連合）図書館期付契約職員）

○利点は、移動できること、そして、職業生活の初期において様々な組織を見られることです。この立場は、職業生活の初期段階の実態で、場合によっては、長引くこともあります。

（1990 年生女性・職階 C。コミューン（連合）図書館期付契約職員）

さらには、拘束されないことや、多様な経験ができるなど、自由な立場であることを利点として挙げている回答者の何人もが、それらを利点としてみなせるのは、職業生活の初期段階に限った場合である旨を記していた。

○職業生活の初期に非公務員でいることで多様な仕事を見ることができますが、それは、とりわけ要求される任務や期間という面において限定的です。というのも、ある時点において、何かに専心し、長期にわたる計画に身を

投じることも必要だからです。

（1989 年生女性。職階 B。県の図書館期付契約職員）

○それは職業生活における第一歩であり、養成教育だけではわからないことを知ることができます。その代わり、この非公務員という立場は短期でなければならず、そうでなければ、不安定です。中長期的には、公務員でない賃金生活者であることに、利点は何もないとわたしは思います。

（1977 年生女性。職階 C。コミューン（連合）図書館期付契約職員として勤めた後、現在は公務員としての図書館職）

○非公務員としての図書館職は、競争選抜政策の下で、報われることの少ない地位です。それによって図書館の世界に入ることはできますが、長引くと、とても辛いです。

（1977 年生男性。職階 A。大学図書館で期付契約職員として勤めた後、文書・情報管理担当の正規職員として私立機関に就職）

　フランスの非公務員としての図書館職は、たしかに、日本の非正規としての図書館職に比べれば、公務員か、少なくとも準公務員といった安定した地位を得る割合が極めて高い。とはいえ、安定した地位の獲得が保証されているわけでもない。公務員となるには、競争選抜に合格しなければならず、その確率は決して高くはない。

・将来への不安

　要するに、多くの回答者は、この事態を「不安定（précarité）」とみなしているのである。実際、非公務員の欠点として不安定さを挙げ、かつ、その具体的内容を示している回答のほとんどが、先行きが不透明であること、将来の見通しが立たないこと、人生設計が立てられないことなどについて言及していた。

4.2　利点と欠点

○非公務員でいることには多大な欠点があります。それは、不安定（précarité）であるということです。その労働に関する法規定により、仕事に関する将来の計画を立てることも、私的な計画を立てることもできない契約期間となっています。

（1993 年生女性。指定図書館ヴァカテール（臨時アルバイト））

○様々な仕事を経験したり、様々な町に出会うことができますが、身を落ち着けて人生設計をしたり、始めたりすることはできません

（1996 年生女性。職階 C。コミューン（連合）図書館期付契約職員）

○欠点は、立場が安定していないということです。社会的にも個人的にも人生の計画を立てることができません。

（1985 年生女性。職階 C。コミューン（連合）図書館で期付契約職員として勤めた後、現在は公務員としての図書館職）

不安定な立場に置かれていることへの焦燥感や憤りを訴えている回答もあった。

○雇用の保障がありません。絶えず将来は正規職員になれるのかどうか考えている気がします。私たちはあちこちに行くことを余儀なくされ、利用され、そして捨てられるのです。

（1993 年生女性。職階 C。コミューン（連合）図書館期付契約職員。）

○（欠点は）昇給と不安定さ。使い捨ての要員です。

（1984 年生女性。職階 B。コミューン（連合）図書館期付契約職員）

○契約職員は、必要に応じて移動させられる駒なのです。

　（1984 年生女性。職階 C。大学図書館無期契約職員）

・・・・・

　以上のように、フランスの場合、非公務員として図書館に勤めることの欠点
として最も多く指摘されていた事柄は、不安定さについてであった。ただし、
その具体的な内容は、主として契約期間が限られていることに起因する。換言
すれば、例えば日本の非正規図書館員のように、生活が困難であるほど低収入
であるというわけでもなければ、公務員とくらべて不当に差別されているとい
うわけでも決してない。それでも、フランスの非公務員としての図書館職にとっ
て、「不安定」である状態は、時に、強い不安や憤りを感じるに値する事態と
して認識されているということなのである。

5　おわりに

　日本の図書館界では、これまでにも、図書館職制度の問題について考えることを目的に、諸外国の制度が何度も参照されてきた。英米の制度が理想とされ、それらに注目が集まりがちではあったものの、フランスの事例が紹介されたこともある。ただし、図書館に固有の事象にばかり関心が集中する傾向にあり、それが属する法的ないしは行政的枠組みから体系的に言及したものはみあたらない。また、いずれの国を取り上げるにせよ、それらのほとんどは、いわゆる正規職員に焦点を当てたものとなっている。

　一方、日本の図書館は、非正規の職員に依存する割合がますます増えつつある。先にも述べたように、すでに 2012 年の時点において、「すべての図書館業務従事者の……三分の二は、非正規公務員ないしは非正規労働者」であるという事態が報告されている。「図書館の非正規割合は、他の産業と比較しても突出し」、公立図書館の職員は、官製ワーキングプアの代表とまでいわれる存在となっている。日本の場合、非正規問題は貧困問題に直結しているのである。いずれにせよ、今日の日本において、非正規職員の存在を考慮することなく図書館職制度の問題を検討することは、極めて非現実的といわざるを得ないのである。

　考慮すべきことは他にもある。日本において、公立図書館の職員、中でも、正規職員は、ほとんどの場合、図書館員としてではなく、当該地方公共団体の地方公務員として処遇されている[191]。この状況下、日本の図書館界では、公立

191）例えば、以下にも、「司書として採用された職員も、図書館に採用されたのではなく、自治体に採用されたのである」こと、従って、「司書である前に、よき自治体職員でなければならない」と記されている。

図書館の職員に関して、公務員制度に組み込まれた形で図書館職制度を確立することが現状に即しており、また、理想ともされてきた[192]。終身雇用や職階制を前提とする公務員としての図書館職制度である。

それにもかかわらず、日本の図書館界では、図書館職制度の問題について考える際、しばしば英米の制度が理想とされ、それと比較する形で論じられる傾向にある。しかしながら、「英米において確立したように見える図書館専門職は、あくまでも終身雇用制度が存在しない社会における図書館員の労働市場と待遇を守る運動から生まれたもの」[193]であるという。「雇用の安定のためには、労働市場において自分を売り込むために常に競争を余儀なくされる」[194]ということである。

その結果、日本の図書館職制度をめぐる議論は、往々にして、専門的な知識や技術、あるいはそのための教育体制や認定の仕組みを整えることばかりに集中する。専門職としての図書館職制度を確立できないのは、外部に対して「売り込む」ことのできる専門的技術や知識が確立できていないからだという主張ばかりが、何度も提出されている。図書館員の専門性とは何かを探るための議論が、大真面目に、何十年にもわたって繰り返され、待遇とは無関係の認定制度も創設された。一方、図書館職制度そのものに関する問題は、しばしば議論の外に置かれてしまっているのである。しかしながら、現状を直視すれば、日本において、「売り込む」に値する専門的な職務を担っているか否か、あるいは、資格や認定制度が存在するか否かと、「労働市場と待遇」が守られているかどうかということは、全く別問題だと判断せざるを得ないのである[195]。

薬袋秀樹『公立図書館司書の自己改革のための 10 ケ条：新入職員のために』図書館情報大学薬袋研究室 , 1995, 30p., p.4.

192）例えば、以下には、公務員制度に組み込まれた司書職制度の具体的なあり方が示されている。
日本図書館協会図書館員の問題調査研究委員会編『すべての公共図書館に司書の制度を』日本図書館協会 , 1984, 12p., p.10-11.

193）根本彰『理想の図書館とは何か：知の公共性をめぐって』ミネルヴァ書房 , 2011, 208p. p.125.

194）根本彰　前掲 193）p.125.

195）ごく一例をあげれば、「高度な専門性」を要する役割が「ボランティア」によって担われている事例も報告されている。
柳楽未来「高度な専門性　ボランティア高齢化」『毎日新聞』2019.1.30, p.26.

以上の背景を踏まえ、本稿では、フランスの国立及び公立図書館における職員、とりわけ非正規職員について、その制度と実態を明らかにし、日本との比較という観点から考察することを試みた。というのも、第一に、フランスでは、公務員としての図書館職制度が高度に整っているからである。第二に、その一方で、フランスの図書館には、多くの非公務員が存在し、その不安定な立場が問題視されているからである。そして第三に、とはいえフランスでは、非公務員の問題は、貧困問題には結びつかないからである。

　本稿でも詳述したように、フランスでは、地方分権政策下、大規模な公務員制度改革が実施された。公務員制度の基盤となる身分規定が制定され、その中で、公務員全体に整合的に適用される職階制も築かれた。地方分権政策を進めていく中で、だからこそ、国と地方、そし全地域で統一的に適用される体制が整えられたのである。公務員としての図書館職制度にしても、この体制の下、それに完全に沿う形で構築された。その他の公務員と全く同様に、図書館系統の職員に関しても、それぞれ採用や給与水準、昇進等に関して、明確な法規定を伴う職階制が整えられた。

　先にも述べたように、日本の場合、「非正規公務員に関する法制度」は、「複雑怪奇」であり、それどころか、「相互に矛盾している」ことが指摘されている。ただし、この事態にしても図書館職に限らない。「非正規公務員に関する法制度の設計は……放置され」、問題が生じる度に、「関連法の関係する条文を、つまみ食いのように引っ張り出し、都合よく解釈」することが繰り返されているのである。

　一方、フランスの場合、公務員制度改革の流れの中で、非公務員に対しても、その位置付けを明確に定め、また、権利や身分を保障するための規定が整備されていった。それらの規定は、公務員の規定と厳密な整合性を保つ形で制定された。たしかに、現実には、様々な問題が浮上しており、その対応のため、修正が繰り返されている。その結果、フランスにおいても、非公務員に関する法規定は、極めて複雑な様相を示している。それでも、それらは無秩序であるわけでも、「相互に矛盾している」わけでもない。少なくとも、「放置され」てき

たわけでは決してない。以上の経緯については、本稿でも示した通りである。

　今回実施した調査では、回答者の約4人に1人が、公務員ないしは準公務員としての地位を得たか、あるいは得ることが確実な状態にあると答えていた。なるほど、今回の調査は、回答者の割合等に関する実態が、フランスの全体像をそのまま反映しているとは限らない。しかしながら、フランスの非公務員としての図書館職は、少なくとも日本の非正規としての図書館職に比べると、公務員か準公務員等、安定した地位を得る可能性が極めて高いということだけは確かである。実際、多くの回答者は、非公務員を、安定した地位を得るまでの限られた期間における立場としてみなしていた。

　たしかに、フランスの制度にも、今だに多くの問題が存在する。非公務員としての図書館職員の多くは、自らの立場や待遇、中でも契約期間が限られていることに対する、大きな不満を抱えている。今回実施したアンケートでも、多くの回答者が将来の保障がないことに伴う不安感について言及していた。不安定な立場に置かれていることに対する強い焦燥感や憤りを訴えている回答も少なからず存在した。それでも、フランスの非公務員としての図書館員は、日本の非正規図書館員のように、生活が困難であるほど低収入であるというわけでもなければ、公務員とくらべて不当に差別されているというわけでもない。

　フランスの現状を肯定しているわけでもなければ、示された不満が誇張であると主張しているわけでも決してない。そうではなく、フランスと日本とでは、権利意識や格差の許容範囲がまるで異なっているのである。逆に言えば、日本の図書館に勤める非正規職員は、絶対値として劣悪かつ悲惨な状況におかれているということである。

　フランスの状況は日本のそれとはあまりにも異なっており、単純に比較することも、ましてや制度をそのまま採用することも不可能である。けれども、少なくともフランスの事例から判断する限りにおいて、公務員制度に組み込まれた形での図書館職制度を確立させている第一の要因は、「売り込む」ことのできる専門的技術や知識の存在自体であるとは考えにくい。資格や認定制度でもない。そうではなく、公務員制度改革の下で創設された公務員全体に適用される

職階制、及びそれに伴う諸制度であると判断せざるを得ないのである。そもそもフランスには、図書館職全体に適用されるような資格など存在しない。職階Cの最下位級なら、制度上は学歴資格も要しない。そして、この方式は図書館職に限らない。いずれにせよ、公務員の中で、図書館職という特定の職だけに専門職制度が整えられるとは考えにくい。換言すれば、図書館職制度の問題に取り組むにしても、それが属する外的な枠組みを踏まえた上で体系的に検討しなければ、ほとんど意味がないということである。

　本研究は、金城学院大学特別研究助成を受けて実施しました。アンケート調査や現地でのインタビュー調査にあたっては、ブルターニュ＝ペイ・ドゥ・ラ・ロワール図書館員養成センターの皆様、とりわけ、センター長のゴンザレス（Sophie Gonzalès）先生に大きなお力添えをいただきました。レンヌ市図書館のゲラン（Catherine Guerin）司書は、労働総同盟でのご経験を基に、フランスにおける非公務員としての図書館職の実態に関して丁寧に解説してくださいました。レンヌ第二大学名誉教授で社会学者のデュパキエ（Michel Dupaquier）先生からは、フランスの雇用制度に関して多くのご教示をいただきました。心より感謝申し上げます。また、調査にご協力くださった多くの方々に、深謝の意を表します。

【著者紹介】

薬師院 はるみ（やくしいん・はるみ）

金城学院大学文学部　教授（図書館学）
博士（教育学、論文博士、京都大学）
京都大学大学院教育学研究科博士後期課程生涯教育学講座（図書館情報学）研究指導認定退学、金城学院大学文学部専任講師、准教授を経て 2014 年より現職。主な研究テーマは、図書館職員問題、司書をめぐる専門職論争、公共図書館と指定管理者制度、フランスの図書館制度など。著書に、『名古屋市の 1 区 1 館計画がたどった道』（単著、八千代出版、2012）、『図書館・図書館研究を考える』（共著、川崎良孝編、京都大学図書館情報学研究会、2001）、『図書館情報専門職のあり方とその養成』（共著、日本図書館情報学会研究委員会編、勉誠出版、2006）、『図書館制度・経営論』（共著、安藤友張編、ミネルヴァ書房、2013）などがある。

フランスの公務員制度と官製不安定雇用
図書館職を中心に

2019 年 6 月 14 日　初版発行

著　者　　薬師院 はるみ
発行人　　武内 英晴
発行所　　公人の友社
　　　　　〒 112-0002　東京都文京区小石川 5 － 2 6 － 8
　　　　　ＴＥＬ ０３－３８１１－５７０１
　　　　　ＦＡＸ ０３－３８１１－５７９５
　　　　　Ｅメール info@koujinnotomo.com
　　　　　http://koujinnotomo.com/